今文古译

化用古典金句
提升日常表达

戈旭皎 ◎ 著

文化发展出版社
Cultural Development Press
·北京·

图书在版编目（CIP）数据

今文古译 / 戈旭皎著. — 北京：文化发展出版社，2024.11. — ISBN 978-7-5142-4380-2

Ⅰ. H159-49

中国国家版本馆 CIP 数据核字第 20241MG829 号

今文古译

戈旭皎　著

出版人：	宋　娜		
责任编辑：	周　蕾	责任校对：	侯　娜　马　瑶
责任印制：	邓辉明	封面设计：	仙境设计

出版发行：文化发展出版社（北京市翠微路2号　邮编：100036）
网　　址：www.wenhuafazhan.com
经　　销：全国新华书店
印　　刷：三河市富华印刷包装有限公司

开　　本：710mm×1000mm　1/16
字　　数：130千字
印　　张：12.5
版　　次：2024年11月第1版
印　　次：2024年11月第1次印刷

定　　价：58.00元
ＩＳＢＮ：978-7-5142-4380-2

◆ 如有印装质量问题，请电话联系：13803225246

前言

"梗"越来越多,语言却越来越匮乏,君不见,为了追求所谓的"潮流",许多人成了网络热词的复读机——重复着词不达意的话,却将自己的真情实感和细腻情绪埋没于"众口一词"的"烂梗"狂欢里。

事实上,大多数所谓流行语是缺乏生命力的,它们如潮水一般涌来,又如同潮水一样流逝,涌来时挤占了我们的"词汇高地",流逝后又留下了语言匮乏的恶果。所以,我们需要更有生命力的语言,去补充自己的表达库,去丰富我们的情感世界。

对于中国人来说,最有生命的语言,毫无疑问是古代文学家们留下的经典名句。事实上,今天的人所遇到的大多数情境、所经历的大多数境遇、所体验的大多数情绪,多与古人别无二致,所以,在绝大多数时候,我们想要表达的东西,都可以从古代经典名句中寻找到合适的语句。而且,许多流行的网络词汇,其实都可以"翻译"为对应的、更具深度的、更富有感染力的经典名句。

与其笼统地说"我太难了",不如在遭遇重重打击时说"屋漏偏逢连夜雨,船迟又遇打头风";或在人生低谷、无人可助时说"寻寻觅觅,冷冷清清,凄凄惨惨戚戚"。

与其笼统地说"躺平",不如用更潇洒的"醉后不知天在水,满船清梦压星河"来表达相同的人生态度,也可以用"茶一碗,酒一尊,熙熙天地一闲人"来描述自己的生活状态。

很多时候,那些美好的句子,就悄悄地藏在我们心里,只不过我们缺乏在合适情境下将它们"召唤"出来的本能。本书试图将生活中的常见情境与相对应的古典美文紧密衔接,让读者在"复习"那些优美语句的同时,可以做到"学以致用"——在合适的情境中,随时可以找到合适的名句来表达自身感受。

读史书使人明智,读诗书使人灵秀。多阅读古诗词,用优美的言辞来表达自己,时间长了,定会"腹有诗书气自华"。

目录

情感篇

"孤单"何止"寂寞冷"	002
不要满口"好嗨呦",开心可以更激情	007
"蓝瘦""香菇"什么鬼?学学古人的"高级忧伤"	012
表达钦佩何须"给跪了"	017
诗人"破防"了?——出自崩溃时刻的佳作	021
古人关于"emo"的"高级表达"	025
诗人也会偶尔"皮"一下	030
与其赞叹"绝绝子",不如学点古诗词	035
当诗人爱上一个人——相爱何止"一见钟情"	040
当诗人思念一个人——相思不止"用尽全力在想你"	046
当诗人离开一个人——分离远比"我们的故事,到此为止"更心碎	052

境遇篇

古代诗人遭遇"大无语事件"怎么讲?	060
古人"摆烂"的五种借口?	065
当诗人发现——"小丑竟是我自己"	069
你还能比古人更懂"人在江湖,身不由己"?	073
"物是人非"虽简练,但有更文艺的说法	078
土味情话"审丑疲劳",不如来点"古风浪漫"	083
古人也有"我太难"时,听听他们怎么说	087

	品味古诗里的"真·佛系"人生	092
	诗人们的"脑洞大开"时刻	097
	"圈地自萌"的名人说辞	102
	古人"丧"起来,有现代人什么事儿!	106
	来自古代的"小确幸"宣言	110
	古人也爱"躺平",但他们有更好的说辞	114

励志篇

	今有"咸鱼梦",古有"凌云志"	120
	即便不是"打工人",诗人也有"打工魂"	125
	"一睁一闭,一天过去"——古人都看不下去了!	129
	现代"脆皮青年"VS古代"文艺青年"	133
	补充"正能量",诗人也能玩出"新花样"	137
	古人之"狂",岂止"还有谁"	143
	"逆行者"的倔强,诗人也能懂	147
	加油、打气,别只会说"奥利给!"	151
	要比"凡尔赛"?古人比你高级多了	155

景物篇

	春暖花开你总犯困,诗人妙笔咏春词	162
	夏日来袭,品品古人的"热辣滚烫"	166
	"咻"季节,悲欢皆在字里行间	170
	寒冬你已"冻成狗",古人却有好文章	174
	一座"山",诗人能写出多少花样?	178
	别感叹"大海啊全是水",看看诗人怎么"吹"	182
	你要"诗和远方",古人"种豆南山"	186
	"边塞"风光,古人笔下最大气磅礴的风景	191

情感篇

孤单寂寞冷
　　火锅整不整

/"孤单"何止"寂寞冷"/

  人生而孤独。在漫长的人生道路上，有太多的聚散分离，踽踽独行时，难免感到孤单寂寞冷，想要宣泄情绪，又不知该如何用贫乏的语言表达心中的万千愁绪。对此，古人的感受和理解可比我们深刻多了。在他们的笔下，孤单是景也是情，是浪漫也是忧伤，是无奈也是选择。

1. 思乡之情带来的孤独

聒碎乡心梦不成，故园无此声。

这句话出自清代词人纳兰性德的《长相思·山一程》，描写的是出征在外的将士对故乡的思念。创作这首词时，纳兰性德正跟随康熙皇帝出关东巡，塞上风雪凄迷的苦寒天气引发了纳兰性德对家乡的思念之情，于是便写下了这首词。所处环境的恶劣，与家乡的温暖宁静形成强烈对比，越发凸显了他此时此刻的孤独与酸楚。

应用场景

独自在外拼搏，有着许多难言的苦楚，每次受了委屈，便忍不住怀念家乡的安逸。正应了这一句——聒碎乡心梦不成，故园无此声。

2. 人生路上独自前行的孤独

人生天地间，忽如远行客。

这句话出自《古诗十九首》中的《青青陵上柏》，作者不可考。人生于天地之间，短暂无常，就如同来去匆匆的远行过客一般。这种苍凉和对前路充满迷惘的孤寂，即使穿越千年的岁月与无尽的时光，也总能在某些时刻击中人们的灵魂，引起人们的共鸣。岁月如梭，匆忙之中，错过的东西，已不能回首。

> 应用场景

年轻时总是喜欢热闹，年长后却慢慢学会了享受孤独，但即使如此，也会有感到寂寞的时刻。此时便能用这句诗来表达心中的怅惘——人生天地间，忽如远行客。

3. 年华老去、无人相伴的孤独

等闲老去年华促，只有江梅伴幽独。

这句话出自宋代词人孙道绚的《滴滴金·梅》。创作这首词的时候，诗人正因战乱而远离家乡，居住在南方一处临江的居所。此时的他已经不再年轻，却有家难回，内心不由得生出寂寞悲哀的情绪，继而写下这首词。

> 应用场景

越是上年纪，似乎就越是容易感到孤独，哪怕身边热闹喧嚣，也总是忍不住对未来产生许多担忧，担忧知音难觅，担忧孤独终老，担忧没有人能理解自己内心的寂寞。此时便可叹一句——等闲老去年华促，只有江梅伴幽独。绝对高级感满满！

4. 一个人时不孤单，想一个人时才孤单

当时共我赏花人，点检如今无一半。

这句话出自宋代词人晏殊的《木兰花·池塘水绿风微暖》。意思是：回想当初与我一同赏花的人，如今还在身边的，点算一下，已不到一半。

晏殊写这首词大约是在宋仁宗皇祐二年（1050）赴永兴军任职之时。当时晏殊应该是在参加一场宴席，酒酣之时，回忆起往日时光，发现友人大多已离世，不由得生出物是人非的怅惘。

应用场景

步入社会，每个人都开始背负属于自己的责任，忙着上班、忙着生活、忙着走自己的路，偶然回首，却发现，曾一起并肩而行的人，已悄然走散在时光里。此时此刻，心有所感，想找人叙叙旧，抒发失落的情绪，不如悄悄暗吟一句：当时共我赏花人，点检如今无一半。

5. 无人理解的孤独

知音少，弦断有谁听？

这句话出自宋代著名将领岳飞的《小重山·昨夜寒蛩不住鸣》。创作这首词时，正是宋金"议和"时期，岳飞的"抗金事业"陷入低谷。当时，岳飞明明已经取得多次胜利，但宋高宗和秦桧却支持议和，朝野上下也进行阻挠。这让岳飞苦闷不已，不由得产生知音难遇的孤寂哀恸之感。

应用场景

寂寞就是，脑子里有许多想法，心中有许多思绪，却无人能懂。即使身处热闹之中，却依然觉得是独自一人。此时此刻，最符合心境的莫过于这一句——知音少，弦断有谁听？

6. 夜晚难眠的孤独

> 片云天共远，永夜月同孤。

这句话出自唐代诗人杜甫的五言律诗《江汉》。这是杜甫在57岁时创作的。当时杜甫离开夔州，辗转于湖北江陵、公安等地，生活十分困苦。长期的漂泊不定带给他的不仅是身体上的折磨，更有心灵上的寂寞。杜甫就是在这样的状况下写下这首诗的。漂泊的云、孤悬的月、寂寥的景、孤独的人……

应用场景

每到夜晚，最是孤独，偏偏又最难说出口。面对此情此景，不如学习古人含蓄一点，叹一句——片云天共远，永夜月同孤。叹的是眼前的景，抒的是心中的情。

> 睡撒子，起来嗨！
> 以后睡的时间多咯！

不要满口"好嗨呦"，开心可以更激情

我们时常会遇到开心的事，如新婚、收到捷报、与朋友相聚……不论是哪一种，都会让人欣喜若狂、欢欣雀跃，恨不得释放所有激情。不过，很多时候，情绪越激动，语言越匮乏，越不知如何表达。这时，你不如回过头看看古人是如何表达的，是醉酒狂欢还是肆意高歌，是痛快欢笑还是暗暗窃喜。

1. 有好酒，咱不醉不归

肯与邻翁相对饮，隔篱呼取尽余杯。

这句话出自唐代杜甫的《客至》。上元二年（761）春天，杜甫结束颠沛流离的生活，在成都西郊浣花溪头盖了一座草堂，暂时定居下来。随后，友人前来拜访，杜甫非常高兴地招待友人。虽然菜肴简单，只能用陈酒来招待客人，但是两位挚友相谈甚欢，越喝越兴浓，越喝越高兴。兴奋之际，杜甫还邀请邻居一起对饮，隔着篱笆喝个尽兴，大有不醉不归之意。

应用场景

与朋友相聚，闲聊畅饮是非常痛快的事情。就算没有好酒好菜，内心也是愉悦的，恨不得不醉不归，恨不得与更多人分享喜悦。面对这样的情景，你可以用这句来表达自己的心境——肯与邻翁相对饮，隔篱呼取尽余杯。

2. 收到好消息时的欣喜和激动

漫卷诗书喜欲狂。

这句话出自唐代杜甫的《闻官军收河南河北》，创作于广德元年（763）。此时杜甫正流徙梓州，听闻叛将史朝义（史思明之子）兵败自缢，部众投降，随后，河南、河北的大片土地相继被官军收复，"安史之乱"终于平息。他不禁欣喜若狂，即兴写下了此诗。诗中描绘出杜甫从初闻捷报的惊喜，到急于回乡开始新生活的喜不自胜，痛快淋漓地抒发了他的喜悦和兴奋。

应用场景

突然收到一个好消息，人们会变得语无伦次，无以言表。这个时候，可以学着诗人来表达惊喜和狂态——漫卷诗书喜欲狂。

3. 人生苦短，当有个好心态

人生得意须尽欢，莫使金樽空对月。

这句话出自唐代李白的《将进酒》，是天宝十一年（752）李白离京后，与友人岑勋一同到老友元丹丘的颍阳山居做客时创作。此时正值李白仕途受挫之际，于是他借酒消愁，感叹人生苦短，要及时行乐，玩就玩个痛快，喝就喝个尽兴。当然，乐观之外，也体现了诗人怀才不遇的无奈。

应用场景

人生在世，最应该做的是应该让自己快乐。人虽然偶有失意、不顺，但不要沉浸其中，而要学习古人潇洒乐观地面对不快，大声喊出心声——人生得意须尽欢，莫使金樽空对月。

4. 期待已久的事情终于有了好结果

春风得意马蹄疾，一日看尽长安花。

这句话出自唐代孟郊的《登科后》。贞元十二年（796），已经46岁的孟郊第三次赴京赶考，终于进士及第。放榜之日，诗人心花怒放，得意地迎着春风、骑着骏马奔驰于长安街头，有一种终于扬眉吐气的畅快。

诗人将过去失意和今日金榜题名的情景进行对比，更突出了如愿以偿的得意和狂喜。

应用场景

考研和考公是艰难的，尤其是之前未能"上岸"的情况下，日子尤为难熬。此时如果能成功上岸，不论是谁都无法抑制这个得意、欣喜之情。若是你遇到如此得意之事，可以直接借这句诗倾泻心中的狂喜——春风得意马蹄疾，一日看尽长安花。

5. 与你相见，实在快乐

既见君子，云胡不喜。

这句话出自先秦的《诗经·风雨》，描写的是一位女子意外与爱人重逢时欢喜雀跃的场景，同时透过女子的喜悦之情溢于言表，道出她对丈夫的相思以及夫妻感情的深厚。

应用场景

与爱人、朋友不期而遇，那种喜出望外的心情，溢于言表。此时此刻，所有的话语都不如感叹一句——既见君子，云胡不喜。

6. 虽然别人不懂，但我仍旧自得其乐

时人不识余心乐，将谓偷闲学少年。

这句话出自宋代程颢的《春日偶成》，描写的是诗人春日郊游，信步漫游，陶醉在美景中流连忘返的情景。本来在大好春光中漫游，欣赏美

景，陶冶性情，是很自然的事，但这又似乎是那些狂傲的少年才能干的事，所以世人不理解诗人内心的快乐，还以为他是学着少年忙里偷闲。只有诗人知道，他是自得其乐，乐在其中。

应用场景

当你因做某事而不被理解或被人嘲笑非议的时候，完全可以自得其乐，享受和释放内心的快乐，然后偷偷说一句——时人不识余心乐，将谓偷闲学少年。

7. 自嗨也是一种生活态度

自歌自舞自开怀，无拘无束无碍。

这句话出自宋代朱敦儒的《西江月·日日深杯酒满》。诗人晚年隐居山林，一个人过着以诗酒花为乐的闲适生活。每天无事的时候，倒满美酒，在鲜花盛开的花圃中，一边喝酒，一边唱歌跳舞，开怀大笑。整首诗洋溢着轻松快乐，突出了诗人的自由自在、自得其乐。

应用场景

谁说一个人就会感觉孤单？独处的时候，只要内心简单一些，享受生活，一个人喝酒唱歌，也可以开心快乐。到那时，你可以用这句话来形容自己的快乐——自歌自舞自开怀，无拘无束无碍。

"香菇""蓝瘦"
你不懂！

/ "蓝瘦""香菇"什么鬼？
学学古人的"高级忧伤" /

月有阴晴圆缺，人有悲欢离合，每个人都有伤心难过的时候。与现代人把"蓝瘦""香菇"挂在嘴边相比，古人更善于用诗歌来表达内心的悲痛、苦楚与无奈。这些优美的诗句，无一字写忧伤，却处处透着愁绪与悲情。

1. "回忆杀"的忧伤

夜深忽梦少年事，梦啼妆泪红阑干。

这句话出自唐代白居易的《琵琶行》。元和十年（815）六月，藩镇势力派刺客刺死了宰相武元衡，刺伤了御史中丞裴度，并向朝廷施压，要求罢免裴度。白居易主张严缉凶手，且平素多作讽喻诗，得罪朝中权贵，被贬为江州司马。次年秋天，白居易在浔阳江头送别客人，偶遇一位年少红极一时、年老被人抛弃的歌女，联想到自己的遭遇，心情抑郁，有感而发，作下此诗。

应用场景

往事不堪回首，尤其是那些不好的往事，让人想起就悲伤难受。当一些事勾起你的回忆，让你心情抑郁、伤心难过时，你便可以用这句诗表达伤感——夜深忽梦少年事，梦啼妆泪红阑干。

2. 借酒消愁，忧伤依旧

抽刀断水水更流，举杯销愁愁更愁。

这句话出自唐代李白的《宣州谢朓楼饯别校书叔云》。天宝十二年（753）秋天，李白客居宣州，与故人李云短暂相聚后又要分别。离别前，诗人陪李云登谢朓楼，设宴送行，并作下此诗。此时，诗人虽然畅游各地，但仍因不得志而内心苦闷烦忧，即便借酒消愁，仍无法消除愁绪，备受煎熬。可贵的是，李白并未放弃对理想的追求，仍向往着广阔的、可以驰骋的天地。

> 应用场景

遇到忧愁烦恼的事情，以为喝醉了就会把忧愁烦恼都忘掉，但酒醒后，问题还在，忧愁又快速侵上心头。这时，你也只能像古人一样叹息——抽刀断水水更流，举杯销愁愁更愁。

3. 无须旁人理解的忧伤

人生自是有情痴，此恨不关风与月。

这句话出自宋代欧阳修的《玉楼春·尊前拟把归期说》。它创作于景祐元年（1034）春天欧阳修西京留守推官任满离开洛阳之际。词中有离别的哀伤，也有排解哀伤的豪情。诗人认为离别是正常的，就像月有阴晴圆缺，与人事无关。同样，人的情与爱，欢喜与悲伤，出于内心，也与风月无关，与他人无关。

> 应用场景

人的情绪受环境、他人影响，但终究由自己控制，只有自己能排解。所以，不要把忧伤归咎于他人，更不要奢望让他人给自己带来快乐。忧伤时，不妨对自己说——"人生自是有情痴，此恨不关风与月。"这样才有利于排解不良情绪。

4. 怀念逝去爱人的忧伤

梧桐半死清霜后,头白鸳鸯失伴飞。

这句话出自宋代贺铸的《鹧鸪天·重过阊门万事非》。贺铸一生抑郁不得志,年近50岁时与妻子闲居苏州,过着艰苦的生活。更不幸的是,妻子还因病亡故,让他备受打击。后来,他重回苏州,经过阊门时,想起相濡以沫的妻子已长眠地下,不禁悲从心来,于是作词以寄哀思。这两句词借用半死梧桐和失伴鸳鸯的典故,表达了诗人内心无限的孤独与悲痛。

应用场景

失去爱人之后,只要回到故地,想起曾经相濡以沫的情景,人们便会悲从中来,但又满腹辛酸、无处倾诉。此时此刻,你可以借用这两句诗——"梧桐半死清霜后,头白鸳鸯失伴飞"抒发内心的孤寂。

5. 感叹无人关心的忧伤

谁念西风独自凉？萧萧黄叶闭疏窗。

这句话出自清代纳兰性德的《浣溪纱·谁念西风独自凉》。纳兰性德20岁时，迎娶卢氏为妻，两人十分恩爱，卢氏对他也是体贴入微，关爱备至。但三年后，卢氏因为产后受寒去世，给他带来巨大的打击和痛苦。深秋时节，秋风萧瑟，纳兰性德不禁触景生情，陷入无限哀思。

应用场景

当你孑然一身的时候，想起爱人已经离去，今后再也无人念及自己，悲痛更加强烈。此时此刻，这一句"谁念西风独自凉？萧萧黄叶闭疏窗"才能表达你内心无限的感伤。

大神，给跪了！

答案正确！
恭喜，
得一分！

表达钦佩何须"给跪了"

　　古人大多孤傲、狂放，有着一种睥睨天下的姿态。文人，遇到强者，定会邀请对方宴饮行令、飞花斗诗；武将，遇到强者，也会校场比武、决战"华山"。不过，古人也不吝啬对他人的赞美，对于贤士君子毫不掩饰钦佩之词。

1. 表达对业内大神的敬仰

> 吾爱孟夫子，风流天下闻。

这句话出自唐代李白的《赠孟浩然》。李白刚出四川，寓居湖北安陆时期，时常往来襄汉一带，结识了比自己年长十二岁的孟浩然。此时，孟浩然已经诗名满天下，陶醉于山水之间，自由而洒脱，人品和才华超然。所以，李白非常钦佩、崇拜孟浩然，由衷发出"吾爱孟夫子，风流天下闻"的感叹。

应用场景

遇见自己崇拜的业内大神，惊叹其才华超然，可以开门见山表达自己的敬佩与爱慕之情，发出这样的感叹——吾爱孟夫子，风流天下闻。

2. 对远游爱人的思念

> 愿我如星君如月，夜夜流光相皎洁。

这句话出自宋代范成大的《车遥遥篇》，描写的情景是：伊人骑马远去，长游泰山之东，我只有紧随秋风，才能追逐着她。诗人祈望自己是星星，伊人是月亮，在每个夜晚与她相伴，交相辉映。诗人巧用比喻，抒发了对远游爱人的思念，表达了愿意追随她身边的情感。当然，这句诗也可以表达对爱慕之人的钦佩与追随。

应用场景

爱人到外地出差或游玩，思念之情随着时间推移而越发强烈。这种情况下，你若是不善于表达内心想法，可以含蓄地借用——愿我如星君如月，夜夜流光相皎洁。

3. 夸人"盛世美颜"

有画难描雅态，无花可比芳容。

这句话出自宋代柳永的《集贤宾·小楼深巷狂游遍》。柳永年少时风流多情，流连于烟花巷陌之间。当他困于汴梁、落魄失意之时，与青楼名妓虫娘相知相爱。这首诗便是柳永为虫娘所作，赞美她的花容月貌，表达对她的真挚情意，并向她许下了庄重的诺言。

应用场景

遇到心仪的小姐姐，被她的美丽惊艳，想要赞美却找不到合适的语言，或者想赞美又担心惹人厌烦，就可以说——有画难描雅态，无花可比芳容。

4. 对于努力、博学者的敬佩

博观而约取，厚积而薄发。

这句话出自宋代苏轼的《稼说送张琥》。苏轼用亲身经历和学习实践来说明一个道理：只有专心致志地学习，广泛地阅览而简要地吸取，丰富地积累而精当地表达，才能有所成。用起知识来，才能从容不迫、游刃有余。

情感篇 / 019

应用场景

真正有才学、有内涵的人，从不急功近利，更不追求虚名，相反，他们博览好学、注重积累，并能做到专心致志。遇到这样的人，你可以用这句话来赞美——博观而约取，厚积而薄发。

5. 对于善写文章者的敬佩

笔落惊风雨，诗成泣鬼神。

这句话出自唐代杜甫的《寄李十二白二十韵》。宝应元年（762），杜甫自成都送严武入朝，到达绵州时，遇上乱兵作乱，便转赴梓州。此时，他获悉李白正在当涂养病，于是写了这首诗寄给他，为他的不幸遭遇辩护申冤。"笔落惊风雨，诗成泣鬼神"，赞扬李白妙笔生花、才华横溢，同时也对李白遭遇的不公表示愤慨。

应用场景

好文章，值得所有人给出好的评价。如果你看到了令人惊艳的文章，又找不到好的字眼来赞美，可以尝试运用夸张的手法，借用这句来赞美——笔落惊风雨，诗成泣鬼神。即便对方知道你在夸张，也会很开心。

**成年人的崩溃
每天有个好几次**

诗人"破防"了？
——出自崩溃时刻的佳作

"破防"一词，是年轻人发明出来的，是说遇到一些糟糕的事情，心理防线被突破，内心崩溃了。古时，诗人虽然不懂"破防"这个词，但是他们更善于用诗句来表达心灵受到的严重伤害，让人了解他们的失望、无奈、愤怒、悲伤……

情感篇 / 021

1. 因郁郁不得志而"破防"

> 心似已灰之木，身如不系之舟。

这句话出自宋代诗人苏轼的《自题金山画像》。建中靖国元年（1101）三月，苏轼途经润州，在金山寺看到李公麟为自己所绘画像，作下此诗。当时，苏轼年逾花甲，面对当年的画像，感慨万千，自嘲纵有壮志豪情，却一生壮志未酬，到了晚年仍身如浮萍，一无所有。

应用场景

辛辛苦苦打拼几年，仍一无所有，过着租房、挤公交、吃盒饭的日子，看不到未来的曙光，此时，只能以自嘲的口吻说——心似已灰之木，身如不系之舟。

2. 因生活不如意而"破防"

> 今朝有酒今朝醉，明日愁来明日愁。

这句话出自唐代罗隐的《自遣》。罗隐仕途非常坎坷，从26岁开始考进士，十几次都没有考中，史称"十上不第"。这让罗隐沮丧不已，于是作《自遣》，排遣自己的"愁"与"恨"，同时也表达内心的愤世嫉俗。但这种"愁"与"恨"似乎没有得到排解，于是诗人采取了消极的态度——不理不睬，放歌纵酒。

应用场景

面对工作、事业的不顺，你想要解决问题、改变现实，但尝试几次之后，发现生活仍一地鸡毛。于是，你只能屈服于现实，一边借酒浇愁，一边自行排遣宽慰——今朝有酒今朝醉，明日愁来明日愁。

3. 因身不由己而"破防"

此生谁料，心在天山，身老沧州。

这句话出自宋代陆游的《诉衷情·当年万里觅封侯》。淳熙十六年（1189），陆游被弹劾罢官，退隐山阴故居十二年之久，其间写下一系列爱国诗词。这是其中一篇。虽然陆游隐居生活，但未忘国忧，仍希望能奔赴疆场，灭胡复国。只可惜，朝廷懦弱，投降派卖国求荣，陆游也只能做江边的无名隐士。所以，他饱含热泪地诉说自己的愤恨和无奈，感叹心在天山，身老沧州。这里的沧州，是指滨水的地方。

应用场景

你意气风发，想在某一领域做出成就，然而，现实是残酷的，梦想一点点被现实磨灭，不得不为了生活奔波，做着自己不喜欢的事情，甚至远离热爱的行业。此时，你可以借用这句诗来表达内心的无奈——此生谁料，心在天山，身老沧州。

4. 因对方"没眼光"而"破防"

我本将心向明月，奈何明月照沟渠。

这句话出自元代高明的《琵琶记》，写的是汉代书生蔡伯喈与赵五娘悲欢离合的故事。诗人把一片真心托付给天上的明月，没想到，明月并不领情，偏偏照在沟渠上。这首诗采用比拟的手法，突出了一种好心待人却遭人忽视、冷落的无奈。

应用场景

你对身边的朋友、亲人很好，在他遇到困难时无条件地提供帮助，当他情绪不佳时及时给予安慰和鼓励，然而，对方却毫不在意你的好心，还觉得你是多管闲事。此时，你可以用这句话来表达内心的不满和无奈——我本将心向明月，奈何明月照沟渠。

5. 因遭遇"小人"而"破防"

不知腐鼠成滋味，猜意鹓雏竟未休。

这句话出自唐代李商隐的《安定城楼》，意思是没想到小人竟把"腐鼠"般的小利当成美味，对鹓雏（与凤凰同类）猜忌个没完没了。此诗作于开成三年（838）春，诗人中进士后，参加吏部博学宏词科考试时，受到朋党排斥，不幸落选。回到泾源后，诗人登上安定城楼，纵目远眺，感慨万千。这句诗展现了诗人虽然遇到挫折，但凌云壮志未减的志趣，以及对于营营小利不屑一顾的气节。

应用场景

小人汲汲于名利钱财，看到一点小利便趋之若鹜。同时，他们认为所有人都有私心杂念，与自己争夺利益，于是时常不折手段，陷害他人。遇到这样的人，你可以借用古人的诗句来讽刺——不知腐鼠成滋味，猜意鹓雏竟未休。

"emo"就是
"e"个人
在"momo"地哭

古人关于"emo"的"高级表达"

"emo",大意是"我抑郁了",常常用来形容伤心、忧愁、郁闷、伤感等情绪,是年轻人广泛使用的网络流行用语。今天,人们表示"emo"很简单,古人表达"emo"却很高级,让我们领略一下诗人的情感表达有多绝妙。

1. 不被理解的郁闷

世间无限丹青手，一片伤心画不成。

这句话出自唐代高蟾的《金陵晚望》。昔时繁华热闹的金陵，彼时却一片断井残垣。诗人在夜晚远望金陵的衰残景象，想到当下的国家境况，宦官专权、藩镇割据、外族入侵，不禁陷入深深的悲痛。落日的金陵城，可以由丹青高手画出，但诗人内心的悲伤又怎能画出，还有谁人能知晓和理解呢？

应用场景

人生在世，不被理解是常事。当你遭遇难题、身陷困顿，无人能倾诉、无人能理解的时候，可以学着诗人感叹一句——世间无限丹青手，一片伤心画不成。

2. 感觉自己被针对

大道如青天，我独不得出。

这句话出自唐代李白的《行路难三首》。天宝元年（742），李白奉诏入京，担任翰林供奉，但未被唐玄宗重视，还受到权臣的谗毁、排挤。两年后，李白被"赐金放还"，离开时写下三首诗，感叹世路艰难、仕途艰难，抒发了诗人不可抑制的激愤情绪，以及不放弃远大理想、盼望施展抱负的乐观气概。

"大道如青天，我独不得出"中，诗人既是叹息，也是抗议：既然朝廷不看重我，还排斥我，我只能拂袖而去了。

[应用场景]

　　职场也好，生活也罢，人总是要社交，融入团队。但如果你因为坚持自己，融不进"圈子"，被人针对和排斥感到激愤和委屈时，便可以这样来表达——大道如青天，我独不得出。

3. 人活着就摆脱不了忧愁

古人愁不尽，留与后人愁。

　　这句话出自宋代范成大的《江上》。诗人通过写江水源源不断，突出愁绪的绵长。只要天地在，愁绪便存在。所以说，人生在世，难免被困顿、挫折、离别等愁事纠缠，无论是谁，都摆脱不了忧愁。

[应用场景]

　　如果朋友、亲人遇到愁事，整天唉声叹气，沉浸在负面情绪之中，你可以用这句话来劝慰——古人愁不尽，留与后人愁。告诉他既然摆脱不了愁绪，就应该想开些，坦然面对。

4. 寒夜苦长、无人陪伴的忧伤

天寒知被薄，忧思知夜长。

　　这句话出自汉乐府的《古乐府》。本来夜晚没什么变化，但心里为一件事忧愁，便会辗转反侧，夜不能寐，更会感觉到黑夜的漫长与孤寂。更可悲的是，其中苦楚，几乎没人能感同身受，只能尝试自我排解。

情感篇 / 027

> **应用场景**
>
> 有一种苦，叫道不明；有一种愁，叫无人懂。当你因为一件事而忧愁别人却毫不在意，认为你在无病呻吟的时候，你完全可以借用这句话——天寒知被薄，忧思知夜长，"控诉"他人不能感同身受。

5. 心情不好，看啥都不顺眼

思苦自看明月苦，人愁不是月华愁。

这句话出自唐代戎昱的《秋月》，描写的情景是：诗人在江边伫立，听着秋风中传来的捣衣杵声，举头望天，遥看北斗星、牵牛星挂在稀疏的梧桐树上，明月似乎也陷入孤独愁思之中。但转念一想，明月怎么会发愁呢？不过是人在愁，所以看一切皆愁罢了。

> **应用场景**
>
> 人的情绪，由心来主宰。心快乐，人就快乐，看什么都舒心；相反，心情不好，人就"emo"，看什么都不顺眼。当你因为某事忧愁、情绪低落的时候，可以效仿古人移情于景，突出内心无限的愁思——思苦自看明月苦，人愁不是月华愁。

6. 只能一个人默默排解忧愁

悄立市桥人不识，一星如月看多时。

这句话出自清代黄景仁的《癸巳除夕偶成》，作于乾隆三十八年（1773）。当时社会混乱，贫富对立，流民遍野。诗人担任安徽督学朱筠幕僚，回家过年时，看到除夕之夜几家欢乐几家愁的情景，不禁心中惆怅，有感而发。但这种忧虑，没人能懂，诗人只好伫立桥头，独自排解。

应用场景

排解忧愁的方式有很多，比如倾诉、喝酒、呐喊、运动，或者一个人登楼远眺，自我慢慢地排解。如果没人能倾听你的心声，你内心的忧愁和寂寞无法排解，可以用这句来表达心境——悄立市桥人不识，一星如月看多时。

7. 漂泊在外的游子忧伤

夕阳西下，断肠人在天涯。

这句话出自元代马致远的《天净沙·秋思》。马致远年轻时热衷名利，但因为统治者的民族高压政策，一直未能得志，几乎一生都过着漂泊不定的生活。某个深秋的傍晚，他牵着一匹瘦马，迎着凄苦的秋风，走在荒凉的古道上，不知将夜宿何方，又怎叫他不愁肠绞断，更加思念故乡？

应用场景

如果你因种种原因不能回家，又不知道自己的归宿在哪里，只能到处漂泊流浪、颠簸劳顿时，可以借着古人的诗句来表达内心的凄苦愁楚——夕阳西下，断肠人在天涯。

诗人也会偶尔"皮"一下

幽默是舶来词，但是这不代表我们的古人不懂幽默。不论哪个朝代，都不乏风趣、幽默的诗人，他们总是能时不时"皮一下"，自嘲一番，调侃一下朋友，打趣一下陌生人……诗人的幽默、有趣，足以秒杀现在的所有"段子手"。

1. 喝醉了，"皮"一下

只疑松动要来扶，以手推松曰去。

这句话出自宋代辛弃疾的《西江月·遣兴》，作于庆元年间（1195—1201）辛弃疾闲居瓢泉期间。当时南宋朝廷苟且偷生，君臣只图享乐，不思收复旧土，百姓日渐贫困。为此，辛弃疾心急如焚，虽然此词表面上写尽情饮酒欢笑，但实际上，透露出他内心的苦闷和忧愁。

词人借酒消愁，酒醉后，醉眼迷蒙，把松树看成了人，还以为松树要来扶他。他还认为自己没醉，推手拒绝了。

应用场景

与朋友、家人聚会，高兴地痛饮几十杯，醉意熏熏，双眼迷蒙，看什么都模糊不清。此时此刻，可以效仿古人自嘲——只疑松动要来扶，以手推松曰去。

2. "皮"一下，提醒朋友请吃饭

道傍榆荚巧似钱，摘来沽酒君肯否。

这句话出自唐代岑参的《戏问花门酒家翁》。天宝十年（751）三月，高仙芝调任河西节度使，岑参跟随高仙芝来到凉州城。经历辛苦的跋涉之后，诗人看到榆钱绽放春意盎然的场景，顿时疲惫尽消，心情大好。看到花门楼前一位年满70的老翁在卖酒，他便幽默地戏问：道傍榆荚巧似钱，摘来沽酒君肯否？

情感篇 / 031

应用场景

与许久未见面的朋友相见，让你心情大好，调皮地要求朋友请客喝酒。这时，你可以借这句诗来打趣——道傍榆荚巧似钱，摘来沽酒君肯否。这样的幽默，往往让人会心一笑，使得气氛更加融洽、愉快。

3. 调侃朋友老夫少妻

鸳鸯被里成双夜，一树梨花压海棠。

这句话来自宋代苏东坡和忘年友人张先的一个典故。张先是北宋颇有名气的词人，也是个风流才子。张先年满80岁时，娶了一个18岁的小妾，苏轼和友人前去拜访时，调侃他白发苍苍却娶了年轻娇嫩的小妾。

应用场景

爱情与年龄无关，老夫少妻也是寻常。但是两人年龄相差太大，一个白发苍苍，一个年轻貌美，总是显得有些违和。遇到这种情况，指指点点是不妥的，但借用这句诗调侃一下还是可以的——鸳鸯被里成双夜，一树梨花压海棠。

4. 用"皮"的方式形容妻管严

忽闻河东狮子吼，拄杖落手心茫然。

这句话出自宋代苏轼的《寄吴德仁兼简陈季常》，是苏轼离开黄州，前往常州的途中，向好友吴德仁致意的简寄诗。诗人用戏谑的笔调，分别勾勒出自我、吴德仁、陈季常的形象，表达了老友间深厚的友情。"忽闻河东狮子吼，拄杖落手心茫然"，是调侃陈季常惧怕妻子，一听到妻子严厉的呼喊，手里的拐杖都吓掉了，茫然不知所措。

应用场景

朋友的妻子比较强悍，朋友平时比较怕老婆，遇到与朋友闲聊的时候，或遇到朋友被妻子的"狮吼"震慑住的时候，可以趁机调侃一番——忽闻河东狮子吼，拄杖落手心茫然。

5. 关心也可以很"皮"

借问别来太瘦生，总为从前作诗苦。

这句话出自唐代李白的《戏赠杜甫》，大约作于天宝五年（746）秋天，李白与杜甫在兖州的最后一次相遇。两人许久不见，见面后，李白见杜甫身体消瘦，便开玩笑地询问：你怎么如此消瘦？怕是这段时间作诗太辛苦了吧。借玩笑之话，表达了对杜甫的关心和对其身体的担忧。

应用场景

与朋友许久未见，知晓朋友整天为工作奔波劳碌，身体越来越消瘦，精神越发不振，又觉得说些关心的话有些矫情，便可以效仿古人以开玩笑的方式来表达关心——借问别来太瘦生，总为从前作诗苦。

6. 劝酒也要"皮"一下

遇酒且呵呵，人生能几何。

这句话出自唐代韦庄的《菩萨蛮·劝君今夜须沉醉》，是词人在江南避乱十年，离开江南之后，晚年羁身蜀地追忆往昔之作。这首词写词人宴请客人，劝客人今朝有酒今朝醉，为了俗事烦恼，还不如一醉方休。但可惜，词人也只是勉强作乐罢了。

应用场景

与朋友聚会饮酒，朋友借机对现实表示不满，对工作、领导大发牢骚，这个时候，与其说一些安慰的话，不如风趣地来劝酒——遇酒且呵呵，人生能几何。

万物皆可"绝绝子"!

与其赞叹"绝绝子",
不如学点古诗词

看到美女、美景,遇到大神、牛人,很多人习惯用"真绝绝子""真是绝了""太优秀了"这样的词汇来赞美。不过,即便你出于真心,这样的赞美也略显逊色。其实,古诗词早已做了绝佳的示范。如果你想赞美得更惊艳,不如看看古人如何发出由衷的赞叹吧。

1. 夸赞"绝美"的容颜

> 一顾倾人城，再顾倾人国。
> 宁不知倾城与倾国？佳人难再得。

这句话出自汉代李延年的《李延年歌》。李延年和妹妹皆能歌善舞，容貌绝佳。李延年原本因为犯法受到腐刑，负责饲养宫中的狗，后因为擅长音律，得汉武帝喜爱。后来，他为汉武帝献歌夸赞妹妹的美貌。汉武帝见了李延年的妹妹后，被其美貌吸引，封她为李夫人。

应用场景

遇到漂亮的小姐姐，为了赢得好感，给予真诚的赞美通常是最有效的。如果你觉得漂亮、"绝绝子"这样的赞美过于寻常，很难引起对方的注意，那么借用古诗词——"一顾倾人城，再顾倾人国。宁不知倾城与倾国？佳人难再得。"既文雅又独特，是个不错的选择。

2. 称赞绝顶的才华

> 清风多仰慕，吾亦尔知音。

这句话出自唐代李颀的《题少府监李丞山池》，是诗人赞美友人李丞的诗句。诗中写李丞在府中内置山林，享受自然清净之美，而不去追求富贵名利，所以诗人仰慕他，把他视为知己。这首诗表达了诗人对友人淡泊荣华富贵的高洁情怀的仰慕之情。

应用场景

职场中,你遇到难以解决的难题,向公司内的技术"大神"请教,结果"大神"轻而易举地就解决了难题,并给出了最佳方案。面对此情此景,你可以由衷地表达自己的钦佩之情——清风多仰慕,吾亦尔知音。

3. 夸人文采好

思风发于胸臆,言泉流于唇齿。

这句话出自魏晋时期陆机的《文赋》。意思是,文思生发于内心创作的欲望,如风一样飞扬;言语发于唇齿之间,如泉水一样汩汩而流。永宁元年(301)开始,诸王作乱,相互攻伐,陆机深感朝廷内外混乱,世道衰败,于是赋闲一年多。其间,他针对当时环境、文学发展等,创作了《文赋》。

应用场景

你拜读某位作者的文章被其出色的文采折服,若是偶然遇到作者,或是参加作者的见面会,可以用这句诗来赞美——思风发于胸臆,言泉流于唇齿。

4. 夸一群年轻人厉害

江山代有才人出,各领风骚数百年。

这句话出自清代赵翼的《论诗五首·其二》。诗的前两句以李白、杜甫为例,说李杜的诗歌万古流传,无人能与之相比,但是时代变了,诗

情感篇 / 037

风也发生了变化。只要诗人力求创新，创作出有特色的作品，就可以开创新一代诗风，领导诗坛几百年。

【应用场景】

行业或公司内的出色人才进行技术研讨交流，每个人都各抒己见，展示自己的技术研究成果，且有些技术有很大突破。面对这种情形，你可以借用这句诗来表达赞叹——江山代有才人出，各领风骚数百年。

5. 夸小姐姐长得绝美

回眸一笑百媚生，六宫粉黛无颜色。

这句话出自唐代白居易的《长恨歌》。唐宪宗元和元年（806），白居易任周至县丞，一日与友人到仙游寺游览，谈及唐明皇与杨贵妃事，于是写下此诗，描绘两人的爱情悲剧。回眸一笑百媚生，六宫粉黛无颜色，夸赞了杨贵妃的美貌妩媚，她的嫣然一笑，让宫廷内的所有嫔妃顿时失色。

【应用场景】

街上偶遇或者在某些场合结识一位美貌的小姐姐，对方举止大方，对你嫣然一笑，此时此刻，你被对方迷住了，可以这样赞叹——回眸一笑百媚生，六宫粉黛无颜色。

6. 感慨这里绝对安静

千山鸟飞绝,万径人踪灭。

这句话出自唐代柳宗元的《江雪》,是柳宗元被贬永州后所作。这句诗用千山万径、人鸟绝迹来突出山野间的严寒幽静,仿佛天地之间是如此一尘不染、万籁无声,突出了诗人遭受打击后不屈又深感孤寂的情绪。

应用场景

外出游玩,来到幽静的深山老林,或是清幽雅致的村居,你感觉这个世界仿佛静止一般,万籁无声。这时,你可以用这句诗描绘环境的静谧——千山鸟飞绝,万径人踪灭。

今晚,
月色真美啊!

当诗人爱上一个人
——相爱何止"一见钟情"

爱上一个人,爱意是藏不住的。现代人会大胆喊出自己的爱,古人则把爱意融入诗歌,是心动,是相思,是约定,也是承诺;是一见倾心的浪漫,是期盼再见的思念。一句一词都充盈爱意,抒写了中国人的浪漫,也惊艳了无数人。

1. 一见钟情

只缘感君一回顾，使我思君朝与暮。

这句话出自乐府诗《古相思曲·其二》，写的是诗人与对方初次见面，只因为一次不经意的回眸，便爱上了他，日思夜想，难以忘怀。这样的怦然心动，让诗人只为心之所感，情不知所起，却一往情深。

应用场景

于千万人中遇到一见钟情的人，是万分幸运的，但如果你不敢表达，很可能与美好的爱情失之交臂。所以，不妨鼓起勇气，轻轻地诉说——只缘感君一回顾，使我思君朝与暮，告诉她/他，"我对你一见钟情"。

2. 相见恨晚

相逢情便深，恨不早相逢。

这句话出自宋代施酒监的《卜算子·赠乐婉杭妓》，写的是一位姓施的酒监官，一遇到歌姬乐婉就深深爱上了她，不可自拔。然而，正当两人你侬我侬的时候，施酒监却因为工作调动不得不离开杭州。无奈之余，他写下这首词赠予佳人，表达恨不能早日相逢的遗憾和不忍与她分别的伤感。

应用场景

遇到心仪之人，人们总觉得任何人都没有对方好，更会产生一种相见恨晚的感觉。此时此刻，可以借此句——"相逢情便深，恨不早相逢"表达自己对他人的喜爱，以及恨不得早日遇见对方的心情。

3. 遇到独一无二的那个人

我见众生皆草木，唯独见你是青山。

这句话出自佛教著作《大乘玄论》，下一句是"愿有岁月可回首，且以你我共白头"。这是最深情的告白：世间有千万人，但对于我来说，所有人都如同草木一般，只有你是与众不同的，是最好的。我希望我们能一起度过漫长岁月，一起共享白头之年。这体现了作者对于爱人的情有独钟，对于爱情的忠贞不贰。

应用场景

人海茫茫，我们总是会与无数人擦肩而过，与很多人相交、相知，但唯独对一个人情有独钟，认为他/她就是最好的。此时此刻，担心对方不能知晓你的心意，你便可以这样来表达——我见众生皆草木，唯独见你是青山。

4. 表达忠贞不贰的情感

曾经沧海难为水，除却巫山不是云。

这句话出自唐代元稹的《离思·其四》，是诗人悼念亡妻韦丛的作品，表达了他对妻子的忠贞和怀念之情。诗人借助暗喻，强调夫妻之间的感情就好像沧海之水和巫山之云一般，是世间无与伦比的；诗人只钟情于妻子，除了妻子之外，再也没有能让他动心的女子了。可见，诗人是用情至深的。然而，讽刺的是，元稹并非忠贞之人。

应用场景

机缘巧合，与深爱的人分别后再重逢，发现自己仍只喜欢对方，除了对方，任何人都不能入自己的心，便可以这样表明心迹——曾经沧海难为水，除却巫山不是云。

5. 赞叹美好的相遇

金风玉露一相逢，便胜却人间无数。

这句话出自宋代秦观的《鹊桥仙》，是秦观被贬外地，"七夕"时节思念妻子苏小妹而作。金风玉露一相逢，便胜却人间无数，是说一对久别的情侣，在此刻重逢，虽然时间短暂，但这美好的一刻，能抵得上人世间所有的相会。这首诗借牛郎织女的故事，歌颂了世间最真挚的爱情，同时也抒发了诗人渴望与妻子相见的迫切之情。

应用场景

现如今，异地恋很普遍。分别已久的情侣，日日忍受相思之苦，心中自是伤感惆怅，渴望与爱人相见，更珍惜与爱人相见的美好时刻。与爱人终于相会时，可以借此表达当时的美好——金风玉露一相逢，便胜却人间无数。

6. 传递唯恐失去的担忧

只恐夜深花睡去，故烧高烛照红妆。

这句话出自宋代苏轼的《海棠》。苏轼对于海棠情有独钟，当月光照

情感篇 / 043

不到海棠的芳容时，他顿感怜惜和不舍。盛开的海棠如此灿烂，诗人不忍心让它栖身黑暗之中，更不忍心它在黑暗中凋谢。于是，为了不错过欣赏海棠盛开的时光，诗人燃起高高的蜡烛，尽情欣赏它的美。

应用场景

一旦爱上一个人，总是害怕对方离开自己。爱得越深，这种患得患失的感觉越强烈。这种情况，你可以借此句让对方明白你的在意——只恐夜深花睡去，故烧高烛照红妆。当然，千万不要过于患得患失，否则只会适得其反。

7. 许下一生相守的诺言

何时杖尔看南雪，我与梅花两白头。

这句话出自清代的《清稗类钞·咏罗浮藤杖所作》。诗人原本咏的是罗浮藤杖，意思是希望能随着手杖去看南方的雪，到那时，自己和梅花就会一起被雪染白了头发。诗人借物言志，暗喻自己像白雪、梅花般孤傲高洁。后来，因为浪漫的意境，这句诗被运用在爱情上，抒发人们希望与心爱之人一起看南雪、到白头的情感。

应用场景

爱上一个人，总想着时时刻刻与他/她在一起，慢慢地与他/她一起变老，共携白头。动情时刻，浪漫告白——"何时杖尔看南雪，我与梅花两白头"也别有趣味。

8. 描绘白头偕老的画卷

> 宜言饮酒，与子偕老。
> 琴瑟在御，莫不静好。

这句话出自《国风·郑风·女曰鸡鸣》，描写了一对青年夫妻日常生活的情景：夫妇二人先是在一个适合饮酒的日子里小酌对饮一番，酒到浓时、情至深处，再次回顾了少年时白头偕老的诺言。喝完酒之后，夫妻二人一操琴、一鼓瑟，合奏出了美妙的乐曲，这般时光，当真是岁月静好。整首诗就像一幕短剧，展示了夫妻温暖和睦的生活，也展现了日常生活中蕴藏的深深爱意。

应用场景

爱情不一定要多么轰轰烈烈，不一定要多么浪漫甜蜜。很多时候，你陪着我，我伴着你，享受岁月静好，享受平淡和舒适，也不失为一种幸福。当你与爱人过着平淡的生活，不妨这样表达自己的心意——宜言饮酒，与子偕老。琴瑟在御，莫不静好。

用力想你,
满怀欣喜

当诗人思念一个人——
相思不止"用尽全力在想你"

人世间,最美是相思,最苦也是相思。清风起,相思落,从此,见与不见都是想念。在今天,相思只是一句"我想你",但在古人的诗词中,相思是"几回魂梦与君同",是"一日不见,如三月兮",更是"又将憔悴见春风"。

1. 睹物思人的想念

城南小陌又逢春，只见梅花不见人。

这句话出自宋代陆游的《十二月二日夜梦游沈氏园亭》。陆游年少时，娶了青梅竹马的唐琬，两人非常恩爱。可惜，陆母不喜欢唐琬，逼着陆游休掉了唐琬。十年后，二人在沈园相逢，唐琬已另嫁他人，于是陆游写下《钗头凤·红酥手》。此诗作于陆游81岁之时，再次重游沈园，看到盛开的梅花，触景生情，回忆起与唐琬相会的情景，顿时痛切心扉，思念至极。

应用场景

思念一个人的时候，最容易触景生情。每当走到有着美好回忆的地方，或者似曾相识的地方，往往总是第一个想到他/她，思念如同泉水般涌上心头。此时此刻，可以用这句诗来表达自己情感——城南小陌又逢春，只见梅花不见人。

2. 无穷无尽的想念

思君如流水，何有穷已时。

这句话出自东汉徐干的《室思·其三》，意思是思念你的情感就像流淌的江水，流淌不尽，思念不止。《室思》共六首，都是写妻子对远方丈夫的思念。这一首诗中，妻子看着悠然自得的浮云，想托它给丈夫捎去几句话，可是浮云瞬息万变，又让她不放心寄语。于是，她坐立不安，只能徒然悲伤，期盼丈夫早日归来。

情感篇 / 047

应用场景

相隔两地的爱人，总是耐不住相思之苦。思念至深之时，看到什么都能想到心爱的人，此情此景，也只有这句——"思君如流水，何有穷已时"能表达自己的思念之情了。

3. 见字如面的想念

留恨城隅，关情纸尾。阑干长对西曛倚。

这句话出自宋代贺铸的《惜余春·急雨收春》，是写作为天涯游子的诗人，与爱人分别后收到爱人寄来的书信，信中满是爱人对自己的思念与幽怨。读了书信后，诗人一个人凭栏远眺，想到与相爱的人天各一方，不禁思念更甚，不能自抑。

应用场景

纸短情长，道不尽的是爱人间的思念与情意。当你收到爱人满是关切思念之语的信息，却不知如何表达时，可以含蓄地说——留恨城隅，关情纸尾。阑干长对西曛倚。

4. 久别重逢的惊喜和思念

从别后，忆相逢。几回魂梦与君同。
今宵剩把银釭照，犹恐相逢是梦中。

这句话出自宋代晏几道的《鹧鸪天·彩袖殷勤捧玉钟》，是晏几道与一位女子久别重逢之时所作。晏几道经常在友人家饮酒听歌，与歌女相熟后，产生爱惜之情。离别后，晏几道时常想念歌女。一天，两人不期而遇，感到又惊又喜，于是诗人作下这首词。词中，晏几道直诉魂牵梦萦的相思之情，以及久别重逢的惊喜，情真切切，令人动容。

应用场景

离别充满伤感、思念之情，让人们多少次在梦中呼唤对方的名字，回想曾经快乐的时光。如果有一天突然与思念的人重逢，反而让人们感觉不真实，不知如何表达，可以借这句话来直抒情意——从别后，忆相逢。几回魂梦与君同。今宵剩把银釭照，犹恐相逢是梦中。

5. 彻夜难眠的想念

事关休戚已成空，万里相思一夜中。

这句话出自唐代来鹄的《除夜》，是诗人远离故土后，在除夕夜思念家乡、亲人时所作。除夕之际，新春即将到来，可惜，诗人只能继续漂泊在外，不能与亲人团聚，其中的愁苦之情、思念之情无以言表，只能在深夜默默流泪，自我安慰。

应用场景

除夕之夜，在外漂泊的你被万家团圆牵动着喜乐忧愁，整夜都不能入睡。这时，可以用这句诗表达思乡之情——事关休戚已成空，万里相思一夜中。

6. 不得不分离的想念和不舍

夜发清溪向三峡，思君不见下渝州。

这句话出自唐代李白的《峨眉山月歌》，是李白初离蜀地时所作。刚刚离开家乡，李白看到明月挂在峨眉山前，月影倒映在青衣江的水面上，不禁开始思念友人，想与友人见上一面。只可惜，诗人不得不顺江直下，只能借助诗歌来表达想见友人却不能相见的忧思。

应用场景

离开家乡在外打拼，思念爱人、友人、亲人之情越来越浓烈。你为了生计而忙碌，不得不离开家乡，想见他们却难见到。在思念之情涌上心头的时候，你可以这样表达无奈和失落——夜发清溪向三峡，思君不见下渝州。

7. 挥之不去的思念

此情无计可消除，才下眉头，却上心头。

这句话出自宋代李清照的《一剪梅·红藕香残玉簟秋》，创作于词人新婚不久。当时父亲李格非在党争中蒙冤，李清照受到牵连，被迫还乡，与丈夫赵明诚分离，相隔两地。清秋时节，词人独上兰舟排遣愁怀，仰头望月，却更加思念丈夫。这相思，这离愁，连绵不绝，刚从微皱的眉头消失，又隐隐缠上了心头。

应用场景

　　与爱人分离后,随时随地都在思念对方。闭上眼睛,爱人好像在眼前晃,挥也挥不去;夜深人静的时候,思念更浓了,心里的愁苦根本无法排解……这时,你可以用这句词来表达——此情无计可消除,才下眉头,却上心头。

当诗人离开一个人——分离远比"我们的故事,到此为止"更心碎

分离,是爱人之间一别两宽,再无瓜葛;分离,是你我阴阳相隔、永不相见。观古人之诗,写分离时最是让人心碎,或含蓄,或直接,或缠绵,或露骨,无不道尽心中的惋惜、悲伤、无奈、凄凉。

1. 下定决心，一刀两断

此后锦书休寄，画楼云雨无凭。

这句话出自宋代晏几道的《清平乐·留人不住》，描写的是女子挽留情人却没有留住的情景。女子多情善感，苦苦挽留，可惜情人毫无留恋之情，决绝地离开了。于是，女子负气地说——从此之后，你不要再寄锦书诉衷情了。画楼里的欢娱不过是一场游戏罢了，那些所谓的山盟海誓也是随口说说，空口无凭。可惜，女子的负气之语，也正道出了她的痴情。

应用场景

> 无论是爱情还是婚姻，当感情不在，你不要继续纠缠。早日结束这段关系，开始新的生活，于人于己都是正确的。就算你有不舍，也要学习古人，决绝断了彼此的念想，对自己和他人说——此后锦书休寄，画楼云雨无凭。

2. 与"二心人"的诀别

闻君有两意，故来相决绝。

这句话出自汉代卓文君的《白头吟》。卓文君是一代才女，当初司马相如一曲《凤求凰》让她一听倾心，对其一见钟情。即便父亲万般阻挠，她仍坚持追爱，与爱人私奔。然而，司马相如却见异思迁，在官场初露锋芒久居京城后，冷落卓文君，还产生了纳妾之意。卓文君写下此诗，表达了对纯真爱情的渴望，以及宁愿离开也不允许丈夫有二心的决绝与坦然。

应用场景

并不是所有的爱情都能迎来美好的结局。当你身陷爱情之中而对方却想要抽身离开，你一往情深而对方却变了心的时候，不如痛快放手，爽快地说——闻君有两意，故来相决绝。

3. 敌不过时间的分离

柳絮随风各西东，物是人非已不同。

这句话出自清代词人纳兰性德的《木兰词·拟古决绝词柬友》，描写了一个为情所困的女子坚决与伤害自己的男子分手的情景。词人借用班婕妤被弃和唐玄宗杨玉环的爱情悲剧，既抒发了爱情已逝、物是人非的无奈，又表达了不愿再为爱情所伤的决绝。

应用场景

风景难迁，人心却易变。虽然你时常想起过去的时光，奈何已经伤痕累累，于是决心离开错的人，开始新的生活。纵使心有不舍，你也要告诉自己——柳絮随风各西东，物是人非已不同。

4. 劝对方放手

将你从前与我心，付与他人可。

这句话出自南宋词人谢希孟的《卜算子·赠妓》，写于词人与爱人诀别之时。谢希孟由于仕途多舛，沉湎于秦楼楚馆，并为了彰显自己的高雅与富有，在临安建造了一座鸳鸯楼。即便被老师陆九渊批评，他也毫不在意。突然有一天，他想起母亲，当即租了条船回老家。一个与他相好的艺伎闻讯，追来挽留，可惜他去意已决，写下此词，劝她不要再想自己了，还是去喜欢别人吧。

应用场景

你不再爱一个人，最好的方式就是直接说分手，而不是拖拖拉拉。如果你不知道如何去说，不如效仿古人优雅地说分手——将你从前与我心，付与他人可。

5. 怪我当初不懂得珍惜

> 此情可待成追忆，只是当时已惘然。

这句话出自唐代李商隐的《锦瑟》。有人说《锦瑟》是诗人写给一位名叫"锦瑟"的侍女的爱情诗，也有人说是他写给亡妻王氏的悼亡诗。不论是哪一种，这首诗都表达了诗人心之所思，情之所感，惋惜自己当初不懂珍惜的怅惘之情。如果再给诗人一次机会，相信他定会好好珍惜和维护那段美好的情感与快乐时光。

应用场景

对于爱的人，失去了才知晓她/他的珍贵，才明白心痛的感觉。只可惜，失去了就是失去了，追忆过去也无济于事。此时，或许你只能用此诗来表达自己的悔恨与惋惜之情——此情可待成追忆，只是当时已惘然。

6. 你终究辜负了我

寂寞空庭春欲晚,梨花满地不开门。

这句话出自唐代刘方平的《春怨》,描述的是一位幽闭宫中的少女因为无人陪伴而潸然泪下的情景。妙龄女子本该快乐自在、无忧无虑,然而被人辜负,只能在深院中孤独地生活,纵使落泪也无人看见、无人怜惜。就算屋外春色浓艳,减少了几分孤寂,但是紧闭的大门、飘落的梨花更添了无限的凄凉。

应用场景

当深情被辜负,一个人留在曾经承载两人快乐时光的处所时,内心是悲伤的、凄凉的。此时此刻,或许只有这句诗能表达你的心境——寂寞空庭春欲晚,梨花满地不开门。

7. 由于不可抗力导致的别离

惟将终夜长开眼,报答平生未展眉。

这句话出自唐代诗人元稹的《遣悲怀三首·其三》。对于妻子的去世,元稹哀痛欲绝,寄希望于死后与妻子同葬,换来来生再做夫妻的机会。但是,冷静思量之后,发觉这只是幻想罢了。于是,诗人表白心迹:我将永远、永远地想着你,用终生不娶来报答你吃苦受累未曾开颜的一生。这一番表白真是痴情啊!

应用场景

爱人离开,最是悲伤。当悲伤之情充盈于心却无以言表,当思念之意缠绕于心却无人能诉,便可以用此句来表达自己的哀痛与忠贞——惟将终夜长开眼,报答平生未展眉。

境遇篇

"栓Q，我真的会谢！"

古代诗人遭遇"大无语事件"怎么讲？

在生活中，你难免会遇到很多"大无语事件"，难以言表，或无语凝噎。这时候，你该怎么办呢？对此，古人的表达丰富许多，不但倾诉了内心复杂的情感，还把"无语"说得深沉，充满文化韵味。所以，遇事不要再说"无语"了，学学古人的表达方式吧！

1. 这事只可意会不可言传

此中有真意，欲辩已忘言。

这句话出自晋代陶渊明的《饮酒·其五》。陶渊明从官场隐退后，过起了回归田园、寄情山水的生活。他从大自然的美景中领略了人生的意趣，只要远离世俗束缚，内心就会变得恬淡自由。这种人生乐趣，只可意会，不可言传。

[应用场景]

当你沉浸在某件事并享受其中的乐趣时，有人前来询问或讽刺"这件事有什么值得去做的"，你就可以借用这句话来回答——此中有真意，欲辩已忘言。

2. 人生无常，无可奈何

人生无奈老来何，日薄崦嵫已不多。

这句话出自元代黄公望的《次所和竹所诗奉柬》。诗人感叹人生苦短，尤其老年时日不多，更是增添了很多无可奈何，无法掌控自己的命运。整首诗表达了诗人的疲惫、心酸以及万般无奈。

[应用场景]

人生在世，回忆曾经的光辉事迹，又想到如今的低谷，对于很多事情已无能为力，或许只能长叹一声——人生无奈老来何，日薄崦嵫已不多。

3. 真是要你何用啊

> 惨惨柴门风雪夜，此时有子不如无。

这句话出自清代黄景仁的《别老母》。诗人因为外出为官府办事，不得不在一个风雪交加的夜晚告别母亲和妻女。告别之时，想到在风雪之夜自己不但不能在母亲身边尽孝，反而远游异乡，让母亲担忧，不禁发出感叹。

应用场景

当父母年老体弱，需要子女在身边照顾的时候，你却因为急事要出差或返回工作地，这时可以借用这句话来表达内心的愧疚——惨惨柴门风雪夜，此时有子不如无。

4. 话到嘴边却不知如何开口

> 泪纵能干犹有迹，语多难寄反无词。

这句话出自清代陈端生的《寄外》。意思是，即便泪水被风吹干，还是会留下痕迹；本来想要寄书信来倾诉，但由于想说的太多了，不知道从何说起。诗人用泪痕比喻内心的伤痕，即便时间流逝，也难以消除。同时，诗人对岁月流失、亲人离别有着无尽感慨，越是想向人倾诉，情感越复杂和深沉，越难以言表。

应用场景

遇到不快的事情,你越想心越乱,越容易陷入消极的情绪不可自拔。这时候,你想向人倾诉,但因为心乱如麻,反而不知如何表达。这个时候,这句诗正好能反映你的心境——泪纵能干犹有迹,语多难寄反无词。

5. 求而不得,无语凝噎

早知如此绊人心,何如当初莫相识。

这句话出自唐代李白的《秋风词》。诗人通过描写深秋时节的凄凉景象,回忆与爱人初遇的种种,表现出对爱人的深切思念。这句诗的意思是早知道你这般惹人牵挂,还不如当初没有与你相识,表达了诗人为情所困的痛苦,以及无穷无尽的相思之情。

应用场景

深爱一个人,他/她的一举一动、一颦一笑都牵动你的心,让你无时无刻不思念,无心做任何事情,甚至会患得患失,整天都担心失去。遇到与他/她有关的事情,你总是容易激动,失去理智,这时可以这样深情地"抱怨"——早知如此绊人心,何如当初莫相识。

境遇篇 / 063

6. 功劳被人抢，实在无语

可怜骢马使，白首为谁雄。

这句话出自唐代陈子昂的《题祀山烽树赠乔十二侍御》。武周垂拱二年（686）春，金微州都督仆固始叛乱，陈子昂参加北征，任西路军幕僚，友人乔知之任监军。官军很快平定叛乱，斩杀首领。然而，陈子昂却未被记寸功，乔知之也没有得到应有的赏赐，反而遭人谗毁。于是，陈子昂写下此诗，表达不满和愤慨，抨击官场的不公。

应用场景

职场上，难免遇到老板或上司用人不公、赏罚不明，致使有才有功之人不被重视、不被奖赏，善于巴结逢迎之人节节高升的情况。此时此刻，如果你不想沉默，又不愿撕破脸，就可以借助此诗来含蓄表达——可怜骢马使，白首为谁雄。

就这样，毁灭吧！
……

古人"摆烂"的五种借口？

现代人喜欢"摆烂"，古人也有一套"摆烂文化"：走到山穷水尽，索性发发呆，放松下心灵；被现实打击，不想再"卷"了，干脆退而求其次，看淡一切，内心释然，坦然享受生活……关于"摆烂"，古人有大智慧，也表达文雅。可以说，古人的"摆烂"，不是逃避，而是治愈自我的一剂良药。

1. 努力过后"摆烂"有理

行至水穷处，坐看云起时。

这句话出自唐代王维的《终南别业》。描写的情景是：诗人到中年以后厌倦尘世喧嚣，晚年闲居在南山边，兴致来了，就游山玩水，独自一人欣赏美景。走到水尽头，索性坐下来，看那悠闲的云彩兴起飘游。后来，遇到一位山中老者，与他谈论山水间的事，竟忘了回去的时间。

应用场景

身处困境之时尝试了许多方式，终于找到一条出路，却发现是一条没法走的绝路。这个时候，与其哀叹山穷水尽，不如换一个角度，放松心灵，畅游自然，索性安慰自己——行至水穷处，坐看云起时。

2. 不想"卷"了，"摆烂"吧

却将万字平戎策，换得东家种树书。

这句话出自宋代辛弃疾的《鹧鸪天·有客慨然谈功名因追念少年时事戏作》，约作于庆元六年（1200）。词人闲居时，有客人前来拜访，谈起他建立功名的事迹，引起他回忆从青年到晚年的经历，因而作下此词。这里的平戎策是词人南归后向朝廷提出的抗金意见书。词人感慨报国无门、壮志难酬，只能无奈地感叹：我看就把那几万字的平戎策，拿去东边的人家换种树的书吧！

应用场景

你心有大抱负，为了企业发展殚精竭虑，写下改革、创新的良策，却遭到领导的漠视、同事的排挤。此时此刻，你虽有不甘，但也深知现实的残酷，于是心灰意懒，不想再"卷"了。此时，只能感叹一句——却将万字平戎策，换得东家种树书。

3. 阅尽繁华，选择"躺平"

玉楼金阙慵归去，且插梅花醉洛阳。

这句话出自宋代朱敦儒的《鹧鸪天·西都作》。靖康年间（1126—1127），宋钦宗召朱敦儒到京师，担任学官，然而他却因为鄙夷世俗和权贵，推辞不受。这首词是词人从京师返回洛阳的途中所作。整首词表达了词人不愿入京做官，只想纵诗饮酒，游山玩水的高洁品质。

应用场景

面对工作的巨大压力、生活的繁杂琐事，你感到疲惫不堪，不想再努力，不想再上进，只能"摆烂"。"摆烂"后，你身心舒畅，大可高喊——玉楼金阙慵归去，且插梅花醉洛阳。

4. 远离喧嚣，佛系"摆烂"

小舟从此逝，江海寄余生。

这句话出自宋代苏轼的《临江仙·夜饮东坡醒复醉》。这是一首咏史词，借助叙述历史兴亡，抒发词人的人生感慨。滔滔江水奔腾不休，淘尽世间事。历史总是在不断向前推进，不以谁的意志为转移。人生也是如此，成败得失是寻常，并不容易被人左右。正因如此，词人厌倦了眼前的生活，宁愿换一个环境，换一种心境，享受自由，淡泊过好此生。

应用场景

人生在世，不被欲望控制，"佛系"一些，将更快乐。如果你看透了世间事，看淡了成败得失，想换一种新的"佛系"生活方式，就可以这样说——小舟从此逝，江海寄余生。

5. 拒绝攀比，独自"躺平"

你富贵，你荣华，我自关门睡。

这句话出自宋代赵长卿的《蓦山溪·遣怀》，描写了词人对于人生本质的理解：不在于追求物质，而在于追求内心的宁静和自由。"你富贵，你荣华，我自关门睡"，是说我只追求生活的安静与美好，不在意自身的成败得失，也不羡慕他人的富贵，突出词人的豁达淡泊。

应用场景

不管任何时候，知足常乐是最重要的。别人是富贵也好，荣华也罢，你都不羡慕、不忌妒，这样才能坦然自若地说——"你富贵，你荣华，我自关门睡"，并过好自己的人生，为自己留一份快乐与安宁。

呵呵，
小丑竟是我自己

当诗人发现——
"小丑竟是我自己"

在生活中遇到不如意或是尴尬荒谬的事，现代人往往会自嘲一句"小丑竟是我自己"，但内心的苦涩只有自己知晓。事实上，古人遭遇的不如意、尴尬、无奈更多，他们也更善于自嘲。但自嘲之后，他们也会努力微笑，在超脱中与自己和解。

1. 命运弄人，无力抗衡

便似人家养鹦鹉，旧笼腾倒入新笼。

这句话出自宋代王禹偁的《量移后自嘲》。王禹偁是太平兴国八年（983）进士，步入仕途后，因直言讽谏，屡受贬谪。宋真宗时期，他被朝廷召回，复任知制诰，但又因直书史事，引起宰相不满，被贬至黄州，又迁蕲州，不久病死。这首词是他屡次被贬、被召后所写，自嘲就像人家豢养的鹦鹉，表达了任人摆布的无奈。

应用场景

在生活中或是职场上，人微言轻，做任何事都不得不受人左右、摆布，没有自主权。面对这样的处境，你可以这样来自嘲——便似人家养鹦鹉，旧笼腾倒入新笼。

2. 自己都可怜自己

人应见怜久病，我亦自厌余生。

这句话出自宋代范成大的《甲辰人日病中吟六言六首以自嘲》。南宋淳熙十年（1183），范成大因病退休，回到家中养病。一开始，诗人还能享受居家养病的悠闲，可久病成愁，在病痛和精神之苦的折磨下，不但日渐消瘦，甚至萌生自怜自厌的情绪。

应用场景

久病给人的折磨是双重的，不但要承受身体的痛苦，情绪还会越来越低落，甚至产生抑郁，整天自怨自艾——人应见怜久病，我亦自厌余生。

3. 努力白费，怅然自嘲

太行王屋何由动，堪笑愚公不自量。

这句话出自宋代陆游的《自嘲·少读诗书陋汉唐》，它是陆游晚年众多自嘲诗中的一首。诗人年少读书时胸有大志，连汉唐的功绩都不放在眼里，但到了晚年，却一事无成，只能下地耕田、饮酒消愁，只有醉了之后才会意气风发、豪情满怀。醒来后，他笑自己像愚公一样不自量。

应用场景

你信心满满地要做某件事、完成某个任务时，却发现领导并不相信你，反而将任务交给其他人。此时，你感到尴尬和无奈，可以自嘲一番——太行王屋何由动，堪笑愚公不自量。

4. 辛酸无奈的自嘲

天公大度一何奇，养此无能老白痴。

这句话出自陆游的另一首诗《自嘲·天公大度一何奇》，意思是上天真是宽容大度，竟然让我这样无能、老迈的人活下来。通过这样的自嘲和自贬，诗人主要表达了自己对于世事的不满，但又充满无力和无奈的情感。最后，诗人只能躲进幽静的小轩，寻求心灵上的慰藉和宁静。

应用场景

生活很残酷，经历失败、不公、打击之后，你遍体鳞伤，窘迫不已。面对这种情景，你深感无奈和无力，只能长叹一句——天公大度一何奇，养此无能老白痴。

5. 心中意难平的自嘲

自古圣贤尽贫贱，何况我辈孤且直！

这句话出自南朝宋鲍照的《拟行路难·其六》，意思是，自古以来圣贤都生活得贫贱，更何况我这样清高、孤寒又正直的人呢？诗人借助圣贤大多贫贱，感叹自己人生的困顿和艰难，充分表达了被牵连贬斥、有志难伸的不平。

应用场景

当你在重重束缚下有志难伸、有怀难展的时候，可以借助这句诗来表达不满——自古圣贤尽贫贱，何况我辈孤且直！

6. 怪我自作多情，为别人付出那么多

自笑平生为口忙，老来事业转荒唐。

这句话出自宋代苏轼的《初到黄州》。他以自嘲的口吻写自己官职卑微，一生只能为谋生糊口奔波辗转，等到老了，才发现苦苦追求的事业是如此荒唐。这首诗有诗人的自嘲，也有对权势者的讽刺，还有诗人一贯的乐观与豁达。

应用场景

奔波忙碌半生，到头来发现一事无成，甚至为他人做嫁衣裳。面对这样的情景，只有这句诗能表达人们内心的无奈——自笑平生为口忙，老来事业转荒唐。

> 出来混，
> 迟早是要还的！

你还能比古人更懂
"人在江湖，身不由己"？

人生在世，总是有许多无奈，本不想做的事却不得不做，本想做的事却又没机会做，于是只能叹气、抱怨。事实上，古人要比现代人更懂得什么叫"人在江湖，身不由己"，要不然那一首首诗词怎么都充满了无奈、烦躁与惆怅？

境遇篇 / 073

1. 感慨人生的不完美

人世事，几完缺？

这句话出自明末清初诗人吴伟业的《贺新郎·病中有感》。诗人在明末有很高的名望，后因与同僚意见不合，弃官归里。后来，因担心家人被牵连，他归顺清朝。然而，他始终以失身变节为耻，所以重病之时，追忆往昔，更加悔恨自责，感叹世事变幻，谁也不能掌控命运，谁也不能完美无缺。

应用场景

人生在世，有很多身不由己，因一念之差做过很多错事，事后却后悔不已。然而，当后悔无益、辩解无用的时候，只能感叹——人世事，几完缺？

2. 时运不济的叹息

时来天地皆同力，运去英雄不自由。

这句话出自唐代罗隐的《筹笔驿》。诗人盛赞诸葛亮的政治、军事才能，也为他未能完成统一大业感到惋惜，同时嘲讽贬斥了懦弱的刘禅和意图苟安的汉室朝臣。诗人借助赞扬诸葛亮，抒发了对时势造英雄、时运决定成败的无奈。

应用场景

时运来了，各方面都能助力，成功自然事半功倍；相反，时运不佳，处处有阻碍，成功也就难上加难了。当你时运不济、处处碰壁、事事不顺的时候，可以借用这句诗来表达自己的无奈——时来天地皆同力，运去英雄不自由。

3. 想做可惜做不到

天涯岂是无归意，争奈归期未可期。

这句话出自宋代晏几道的《鹧鸪天·十里楼台倚翠微》，描写的情景是：晴朗春日，诗人在山间幽深处的楼台听到百花深处的杜鹃啼叫，好像殷勤地催促行人回家。可是行人哪是不愿回家啊，只是身不由己，不能确定回家的日期！诗人借助杜鹃啼叫，表达了思乡与不能回乡的无奈与忧愁。

应用场景

远离家乡，独自打拼，最是思念家乡以及亲朋好友。但是工作繁忙，假不好请，不是自己想回家就能去的。面对这样的情况，尽管你内心苦涩，也只能暗暗叹息——天涯岂是无归意，争奈归期未可期。

4. 成败只能看天意了

花落花开自有时，总赖东君主。

这句话出自宋代严蕊的《卜算子·不是爱风尘》。严蕊是南宋中叶女词人，曾沦为台州营妓。南宋淳熙九年（1182），任浙东常平使的朱熹巡行台州，弹劾反对理学的唐仲友，并论及其与词人的风化之罪。词人入狱，遭受严刑逼供，但宁死不屈。后来朱熹改官，岳霖任提点刑狱，将其释放。岳霖问其归宿，于是词人作该词以答之，申诉自己无罪，感叹命运不能自主，抒发了对幸福自由的渴望。

应用场景

天意弄人。很多时候，你认真做事，付出努力和汗水，但结果却不尽如人意，事情总是办不成。这时，你只能自我安慰——花落花开自有时，总赖东君主。

5. 想拼搏，却连机会都没有

出师未捷身先死，长使英雄泪满襟。

这句话出自唐代杜甫的《蜀相》。乾元二年（759）十二月，杜甫结束颠沛流离的生活，在朋友的帮助下，定居成都浣花溪畔。第二年，他探访武侯祠，写下了这首咏怀诗。诗人借赞叹诸葛亮的功绩，惋惜他的功业未遂，抒发自己报国无门、壮志未酬的伤感。

应用场景

你一心创业,想要轰轰烈烈地大干一场,但还没有开始,就遭遇合作伙伴撤股、资金不足的问题,导致创业夭折。面对这样的情景,你也只能惋惜地说——出师未捷身先死,长使英雄泪满襟。

6. 我恨我的身不由己

长恨此身非我有,何时忘却营营。

这句话出自宋代苏轼的《临江仙·夜归临皋》。元丰三年(1080),苏轼因乌台诗案被贬,此诗作于他谪贬黄州的第三年。深秋之夜,苏轼在雪堂与友人开怀畅饮,酒醒后返回临皋住所,童仆早已睡熟,于是他只能倚着藜杖倾听江水的怒吼。

此情此景,词人不由得心生愤恨:为什么这个躯体不属于自己,不能忘却功名而奔走钻营!

应用场景

职场上,领导、同事们争权夺利,你想要置身事外,安心做好项目,升职加薪。但想要拿到好的项目,你不得不与领导搞好关系,平衡同事之间的利益。这句诗便可以表达你此时的心境——长恨此身非我有,何时忘却营营。

岁月是把杀猪刀

/"物是人非"虽简练，但有更文艺的说法/

诗人时常把"物是人非"写进诗词，来感叹韶光易逝，往日美好不再。阅读这些古诗，我们可以感受古人的寂寞、感伤、凄婉，更能领略文字的美。不论是"青瓦长忆旧时雨，朱伞深巷无故人"，还是"人面不知何处去，桃花依旧笑春风"，每一句都那么美。

1. 故地重游时的物是人非

青瓦长忆旧时雨，朱伞深巷无故人。

这句话出处不详，描写的情景是：诗人走在江南的雨巷中，回忆着以前与恋人在雨中相遇、相爱的情景。然而，此时此刻，青瓦还记得那个雨天，行人还打着朱伞，曾经的恋人却不在自己身边。诗人巧妙地追忆了往昔，表达了物是人非、往日美好再也回不去的惆怅与忧伤。

应用场景

故地重游，景色依旧，但身边的人已经不是曾经的那个他/她，不禁心生惆怅。此时，可以借助这句诗来表达内心的情绪——青瓦长忆旧时雨，朱伞深巷无故人。

2. 景物依旧，人却已经不在原地了

人面不知何处去，桃花依旧笑春风。

这句话出自唐代崔护的《题都城南庄》，写的是清明时节，崔护到都城南门外郊游，到一户庄园讨水时遇到一位妙龄少女，发现她与盛开的桃花一样娇艳。第二年清明，崔护再来此地，却发现庄园大门已锁，少女不知去向何处。于是，他心生惋惜和怅惘，作此诗表达感慨。

> 应用场景

在某地偶然遇到心仪之人,度过一段快乐时光,但没过多久,不得不与其分别。相隔一段时间后,再次返回寻找心仪之人,却发现景物依旧,人已不在原地。此时,只能感慨一句——人面不知何处去,桃花依旧笑春风。

3. 怀念曾经的岁月

同来望月人何处?风景依稀似去年。

这句话出自唐代赵嘏的《江楼旧感》,描写的情景是:诗人在一个清凉寂静的夜晚独自登上江边的小楼,放眼望去,只看见江边的月色。于是,他感慨虽然江楼夜景和以前一样,但是与自己一起登楼观景的人却不知漂泊何处。

> 应用场景

你回到阔别已久的大学校园,看着熟悉又陌生的景物,怀念曾经的青葱岁月和一起玩闹的同学,顿时感慨万千,低声地感喟——同来望月人何处?风景依稀似去年。

4. 世界不会因任何人的离去而改变

无情最是台城柳,依旧烟笼十里堤。

这句话出自唐代韦庄的《台城》。台城就是现在的南京,原是三国吴国的后苑城,六朝时期(指中国历史上三国至南北朝的南方的六个朝代)

中国的国家政治中心所在，见证了许多政权的兴衰变迁。到了唐末，台城变得荒废不堪。此诗大概作于中和三年（883）。在此三年前，黄巢攻破长安，唐朝气息奄奄。诗人凭吊古迹，发出"杨柳依旧""六朝如梦"的感慨，实际是感叹唐朝的衰亡，抒发内心的哀痛。

应用场景

世界不会因为任何人而改变，你来或去，它都在那里。当你因为爱人、友人的离去而哀伤、沉沦的时候，应该记住即便你再哀痛，也已无济于事，不妨告诫自己接受现实，坦然面对物是人非——无情最是台城柳，依旧烟笼十里堤。

5. 天下无不散的宴席

人生代代无穷已，江月年年望相似。

这句话出自唐代张若虚的《春江花月夜》。诗人描写了春江的美景、面对江月产生的感慨，以及思妇游子的离愁别绪。"人生代代无穷已，江月年年望相似"，还揭示了人生短暂，一代又一代是无穷无尽的，但江月却千古不变，年年相似的道理。

应用场景

我们身边的人都是人生中的过客，有些人陪伴你时间长一些，有些人陪伴你时间短一些。我们要珍惜身边人，但面对那些走散了的人，面对离别的愁绪，也只能感慨一句——人生代代无穷已，江月年年望相似。

境遇篇 / 081

6. 物是人非，令人惆怅

乌衣巷在何人住，回首令人忆谢家。

这句话出自唐代孙元晏的《六朝咏史诗·宋·乌衣巷》。乌衣巷原是晋代王、谢两家豪门大族居住的地方，也是六朝贵族聚集的地方，到了唐朝则沦为废墟。诗人看着荒凉的景象，感叹乌衣巷虽在，但曾经盛极一时的谢家却早已不再，表达了对世事变幻、物是人非的感慨。

应用场景

当你参观名胜古迹，看着风景依旧，但曾经的英雄豪杰却湮没在历史的洪流中时，感叹万千，此时可以借助这句诗来抒发自己的感慨——乌衣巷在何人住，回首令人忆谢家。

土味情话"审丑疲劳",不如来点"古风浪漫"

现在,年轻人之间流行说土味情话,似乎情话越土,越能撩动人心。可是,土味情话说多了、听多了,很容易产生"审丑疲劳",还容易让人觉得肉麻。所以,与其说土味情话,不如学学古人,用浪漫的诗句来告白。

境遇篇 / 083

1. 晚上去约会呀

> 月上柳梢头，人约黄昏后。

这句话出自宋代欧阳修的《生查子·元夕》，是诗人回忆头一年元宵节与爱人约会，看花灯、赏月景，在月光柳影下两情依依、情话绵绵的情景。只可惜，如今虽然月色依旧，花灯依旧，佳人却不在身边。

应用场景

忙碌一天后，你见月色美好，想要与心仪的女子或相恋的女友约会，可以借用这句浪漫的诗句——月上柳梢头，人约黄昏后。

2. 我想你，但也希望你能玩得尽兴

> 陌上花开，可缓缓归矣。

这句话出自吴越王钱镠给吴氏夫人的一封信。每年寒食节，吴氏都会回临安小住。那一年，吴氏回家住了几日，钱镠在杭州料理政事，一日走出宫门，发现西湖岸边已是桃红柳绿，不免生出几分思念。于是，他写下这封书信，意思是田间阡陌的花开了，你可以一边赏花，一边慢慢回来，表达了他内心含蓄而热烈的爱。

应用场景

爱人回家或外出旅游已有时日，你的思念之情越来越浓，但又不想催促爱人，可以这样对爱人说——陌上花开，可缓缓归矣。

3. 你长在我的审美点上了

有美一人，清扬婉兮。邂逅相遇，适我愿兮。

这句话出自《诗经·国风·郑风·野有蔓草》。这首诗描写了一对男女在田野间不期而遇、一见钟情、比翼双飞的爱情故事，赞美了爱情的自由与浪漫。"有美一人，清扬婉兮。邂逅相遇，适我愿兮"，描写了佳人眉目漂亮、妩媚动人，正好满足男子的心意，让他一见倾心。

应用场景

与佳人在某地邂逅，你第一眼就喜欢上了她，想立即表白，但又感觉土味情话过于俗套，这时可以这样浪漫告白——有美一人，清扬婉兮。邂逅相遇，适我愿兮。如此美的诗句，定能让佳人对你产生好感。

4. 不想和你分开

相逢畏相失，并著采莲舟。

这句话出自唐代崔国辅的《采莲曲》，描写的是江南的青年男女乘轻舟采莲，忙碌而又欢快。突然，一对相恋的男女青年水上相逢，顿时喜出望外，唯恐水流将双方分来，于是将两只采莲的小船紧紧相靠，并驾齐驱。这首诗表达了青年男女对爱情的炙热追求和情侣间的浓情蜜意。

> **应用场景**
>
> 很爱一个人,一刻也不想与对方分开,唯恐失去对方。当你向爱人倾诉和告白时,可以借助这句诗来表达这种炙热的情感——相逢畏相失,并著采莲舟。

5. 和你一起就会开心

锦幄初温,兽香不断,相对坐调笙。

这句话出自宋代周邦彦的《少年游·感旧》,描写的是男女两人夜晚相聚,情投意合、你侬我侬的情景。室内温阁暖帐,炉中香气不断,女子用纤纤玉手剥开新鲜的橙子,递给男子吃。两人相对而坐,一边调弄笙,一边诉说情意。

> **应用场景**
>
> 与爱人共处一室,两人一边做着自己的事,一边聊着天,虽然什么都不做,但彼此都感觉开心、甜蜜。此时此刻,如果你想表达内心的情感,但又不想过于肉麻,可以借用这句诗——锦幄初温,兽香不断,相对坐调笙。

宝宝心里苦

古人也有"我太难"，听听他们怎么说

"我太难了"，一度成为年轻人的口头禅，因为它喊出了大多数人的心声，也让很多人找到倾吐心声的发泄口。那么，古人也说"我太难了"吗？没错，古人也时常说，而且说得各有风格。

1. 遭遇一连串的倒霉事

> 屋漏偏逢连夜雨，船迟又遇打头风。

这句话出自明代剧作家冯梦龙的《醒世恒言》，意思是本来房屋就漏了，偏偏又遇到连夜下雨，境况越来越糟糕；船本来就迟了，耽误了时间，又碰巧遇到逆风，让人焦急万分。不顺心的事情一件接着一件，很难不让人感到无助、绝望，高声感叹祸不单行。

应用场景

人们常说，福无双至，祸不单行。处于低谷的时候，你以为坏事已经来到，好运就不远了，可惜，接下来像撞了霉运，倒霉事接踵而来，境况越来越糟糕。这时，你也只能默默地感叹——屋漏偏逢连夜雨，船迟又遇打头风。

2. 被生活折磨得身心疲惫

> 艰难苦恨繁霜鬓，潦倒新停浊酒杯。

这句话出自唐代杜甫的《登高》，它创作于大历二年（767）秋天。当时杜甫已经56岁，在夔州过着极端困窘的生活，身体也非常糟糕。一天，他独自登上白帝城外的高台，登高临眺，看到江边萧瑟的秋景，顿时联想到自己的身世遭遇。杜甫将贫困潦倒、年老多病、抑郁不得志融于秋景之中，将内心的悲苦、沉郁淋漓尽致地表达出来。

[应用场景]

　　生活充满艰难困苦，感觉自己快熬不住了，却难以向人诉说，只能独自对着镜子苦笑，借酒浇愁。此时此刻，或许只有这句诗能体现你内心的悲哀——艰难苦恨繁霜鬓，潦倒新停浊酒杯。

3. 难处咽在心里，说不出口

泪眼问花花不语，乱红飞过秋千去。

　　这句话出自宋代欧阳修的《蝶恋花·庭院深深深几许》，收录于欧阳修的《六一词》。它描写了闺中女子的伤春怨艾之情：女子独守闺房，不知心上人的去向。在那个女性行动受限制、又无先进通信手段的时代，该女子确实只能"空相思"。没有主动探寻心上人行踪的办法，所以，她只好痴痴地与院中的花草对话，可花草毕竟是无情之物，又怎么能回答她呢？看着被大风吹起的花瓣飘过秋千，或许女子曾经与心上人在这里欢快地荡过秋千，如今睹物思人，心情更加悲伤了。诗人借落花来感叹闺中女子的凄苦，表现了她内心孤寂无人理解的痛苦。

[应用场景]

　　独自一人在外打拼，不被人认可，受人欺负，但又不敢反击，不得不讨好他人。当家人询问你的时候，这种心酸、难受和无奈又不敢说出口，只能在心里默默叹息——泪眼问花花不语，乱红飞过秋千去。

4. 心里没着落，太难了

> 寻寻觅觅，冷冷清清，凄凄惨惨戚戚。

这句话出自宋代李清照的《声声慢·寻寻觅觅》。靖康之难后，李清照经历了国破、家亡、夫死，诗词主要描写对亡夫赵明诚的怀念，以及自己孤单凄凉的心境。这首词是这一时期的代表作。当时词人独处陋室，看见室内别无长物，室外是万木萧条的秋景，顿时凄凉、悲痛、愁苦等情绪一起涌来，久久不散，痛彻心扉。

应用场景

独处冷清、简陋的房间，发现亲人、爱人已经不在，过去的各种物品都寻不见、觅不回了，顿时感觉心里空落落的，感伤油然而起——寻寻觅觅，冷冷清清，凄凄惨惨戚戚。

5. 心里满是愁苦

> 白发三千丈，缘愁似个长。

这句话出自唐朝李白的《秋浦歌》。天宝末年（755—756），唐王朝政治腐败，危机重重，而诗人已年过50，虽然因受谗遭贬离开长安已经10年，但仍关心朝局，希望实现抱负。面对理想不能实现，他有无限的愁思。

应用场景

你负责"攻破"一个大客户，使尽浑身解数都找不到突破口，无法达成合作意向。当领导询问你工作进展的时候，你可以这样夸张地表达自己的愁——白发三千丈，缘愁似个长。

6. 说不出口的忧愁

> 欲说还休,却道天凉好个秋。

这句话出自宋代辛弃疾的《丑奴儿·书博山道中壁》,作于辛弃疾遭弹劾去职、闲居带湖时。其间,词人闲游博山道中,却无心欣赏大好风光,只为朝廷软弱、国家衰败,自己报国无门而发愁。但在当时投降派把持朝政的情况下,词人连愁都不敢直说,只能转而言天气。

应用场景

当你真正经历生活的苦,工作不顺、身体出现问题,同时还需要养孩子和还房贷时,才算是真正识尽愁滋味,似乎有很多话想说,却一句也说不出,只好转移话题——欲说还休,却道天凉好个秋。

品味古诗里的"真·佛系"人生

"佛系",是一种生活态度,是云淡风轻、顺其自然,也是不管他人如何,只管过好自己的生活。古时,很多文人保持着"佛系"的生活态度。在他们笔下,惬意、自在的"佛系"生活令人向往和羡慕。

1. 别太看重得失

> 宠辱不惊，闲看庭前花开花落；
> 去留无意，漫随天外云卷云舒。

这句话出自明代陈继儒的《小窗幽记》，意思是做人做事要看淡宠辱，如同看待花开花落一般，才能心境平和；不必在意去留，如同看云卷云舒的变化一样，才能淡泊名利。这句诗展示了诗人对名利得失的态度，即得不喜、失不忧，保持平常心。

应用场景

官场少有长青树，财富总有用尽时。当你事业有大成就，获得别人没有的荣誉和财富时，要告诫自己——宠辱不惊，闲看庭前花开花落；去留无意，漫随天外云卷云舒。否则再失去时，可能使自己万劫不复。

2. 没什么大志向，只想过好小日子

> 不愿鞠躬车马前，但愿老死花酒间。

这句话出自明代唐寅的《桃花庵歌》，意思是宁愿在赏花饮酒中死去，也不愿屈服于华贵的车马前。诗人以桃花仙人自喻，宁愿过贫贱、闲适的生活，也不愿意为了富贵而奔波劳碌，表达了诗人安贫乐道，享受平凡、闲适生活的意愿。

境遇篇 / 093

> 应用场景

朋友在大城市打拼，事业有成，开着豪车、住着高楼，而你选择回到家乡，过着清闲自在的生活。当朋友不理解你的选择时，你可以借用这句诗来表达自己的志趣——不愿鞠躬车马前，但愿老死花酒间。

3. 顺其自然就是最好的

春有百花秋有月，夏有凉风冬有雪。

这句话出自宋代无门慧开禅师的《无门关·平常是道》，是写一年四季都有好景色，春天有百花盛开，秋天有明月皎皎，夏天有凉风习习，冬天有白雪皑皑。人们只要顺其自然，享受当时的美景，那么一年四季都是好时节。

> 应用场景

万事万物，讲求顺其自然。生活中如果因为种种原因失去什么东西或错过什么人，不要强求，不要纠结，不妨对自己说——"春有百花秋有月，夏有凉风冬有雪"，如此才能享受生活美好。

4. 自在地活比什么都重要

称心如意，剩活人间几岁。
洞天谁道在、尘寰外。

这句话出自宋代朱敦儒的《感皇恩·一个小园儿》，是绍兴十六年（1146），朱敦儒被弹劾罢职，后来退隐嘉禾时所作。诗人在田园间建一间茅草屋，开垦出一个小园子，种上鲜花、竹子，围上篱笆，闲来无事的时候在池边饮酒，好不快活。于是，他发出这样的感慨——人生几十载，做自己想做的事，过自己想过的生活，这里就是洞天福地啊！

应用场景

遇到挫折或困难时，我们应该努力地活，改变境遇，解决问题。如果还不行，那就应该看开些，过得自在一些。此时，你可以用这句诗来描绘自己的心境——称心如意，剩活人间几岁。洞天谁道在、尘寰外。

5. 人生苦短，及时行乐

> **但教有酒身无事，有花也好，无花也好，选甚春秋。**

这句话出自元代赵秉文的《青杏儿·风雨替花愁》。金哀宗即位元年（1224），赵秉文拜辞礼部尚书，哀宗不许，改任其为翰林学士。此时词人虽位高权重，但已是白发苍苍的老人，因此期盼能尽早退休，于是写下此词以抒怀。诗人向往这样的生活：趁着有兴致，喝它两三杯；选一处有山有水的地方，好好地游览一番！

应用场景

感到生活压力大、身心疲惫的时候，不要再苦苦坚持，担心这顾忌那的。不管是春天还是秋天，放下一切，找个有山有水的地方，痛快地玩一玩——但教有酒身无事，有花也好，无花也好，选甚春秋。这不但能取悦自己，更能好好生活。

6. 平平淡淡才是真

最是忘机湘水上，风轻日淡看游鱼。

这句话出自宋代胡宏的《郭氏嘉山亭》。胡宏师承杨时和侯仲良，很有才学，被秦桧征召。他不愿与其为伍，严词拒绝，后隐居衡山之下二十余年。这首诗描写胡宏隐居衡山后，最大的乐趣是看书，最开心的是在湘水上泛舟，悠闲地看游来游去的鱼儿。简简单单，最是快乐。

应用场景

生活中，我们会遇到各种烦恼和困难，邂逅很多恩怨与矛盾，如果凡事想不开、放不下，生活将越来越艰难、痛苦。但你尝试看开些，过上简单的生活，便可以说——最是忘机湘水上，风轻日淡看游鱼。

7. 不争不抢，看淡荣辱

酒盈尊，云满屋，不见人间荣辱。

这句话出自五代李珣的《渔歌子·楚山青》，描写的是楚湘山水秀美如画，繁花盛开，清风徐徐。渔夫任凭船儿在水面漂浮，悠然地垂钓、歌唱，不知不觉已经夜幕降临。随后，渔夫尽兴而归，斟满美酒，畅快痛饮。此情此景，哪儿还在意世间的荣辱之争？

应用场景

面对名利与富贵，你不争抢，也不强求，只是一心做好自己的事情，自然可以说——酒盈尊，云满屋，不见人间荣辱。

打开你的"脑洞"

诗人们的"脑洞大开"时刻

　　古时，诗人或浪漫，或豪迈，更多时候，他们想象力丰富，天马行空。一人一物，一情一景，都可以让他们"脑洞大开"，写出意境奇妙、别有韵味的诗句，更有人创作出新的诗风、诗体。

1. 数字也能作诗

> 一去二三里，烟村四五家。
> 亭台六七座，八九十枝花。

这首诗是宋代邵雍的《山村咏怀》。这里的数字是泛指，并非具体数字，却增添了诗歌的情趣，简单鲜活地勾勒出一幅乡村田园图。一座小村庄，稀稀落落地坐落着几户人家，傍晚时分，炊烟袅袅，每户人家门前树木葱绿、鲜花点缀。

应用场景

当你去旅游，看到山林中有一处小山村，稀稀落落坐落着几户人家时，便可借用这首诗来描绘所看到的景色——一去二三里，烟村四五家。亭台六七座，八九十枝花。

2. 拆字也能成诗

> 丑虽有足，甲不全身。见君无口，知伊少人。

这首诗是唐代苏颋的《咏尹字》。诗人自幼聪慧过人，才思敏捷，被人们称为"神童"。某日，京兆尹慕名来访，非要他以"尹"字作首诗。诗人听父亲说此人无德无才，贪婪虚伪，于是作下此诗，讽刺他孤陋寡闻，没什么才能，没见过世面。拆字巧妙，耐人寻味。

应用场景

朋友聚会，有人提议表演才艺，而你不善才艺，可以借用这首拆字诗——"丑虽有足,甲不全身。见君无口,知伊少人"让朋友们猜,活跃气氛。

3. 姓名连接成诗

> 北顾欢游悲沈宋,南徐陵寝叹齐梁。
> 水边韶景无穷柳,寒被江淹一半黄。

这首诗是唐代皮日休的《奉和鲁望寒日古人名一绝》。它嵌入六个古人名,依次是南朝诗人顾欢,唐初诗人沈佺期、宋之问,南朝诗人徐陵,东汉文人边韶,南朝文学家江淹。诗句既嵌入古人名,又富有韵味,有怀古之意。

应用场景

朋友聚会或是同事闲聊,如果有人提到古人的趣闻,或含有某个古人的姓名诗,你可以拿出这首诗——"北顾欢游悲沈宋,南徐陵寝叹齐梁。水边韶景无穷柳,寒被江淹一半黄。"定能惊艳众人。

4. 一字一物一诗

> 一花一柳一鱼矶,一抹斜阳一鸟飞。
> 一山一水一禅寺,一林黄叶一僧归。

这首诗是清代才女何佩玉的《一字诗》。诗人连用十个"一"字,通过白描手法,描绘出夕阳西下,花柳相映、黄叶满地、飞鸟回林、僧人归寺的画面。简单的勾勒,却让景色极具诗情画意。

应用场景

　　一字诗，别有韵味。看到美景，你既想描述美景，又想给人惊艳的感觉，可以吟这首诗——一花一柳一鱼矶，一抹斜阳一鸟飞。一山一水一禅寺，一林黄叶一僧归。

5. 直白打油诗

> 江上一笼统，井上黑窟窿。
> 黄狗身上白，白狗身上肿。

　　这首诗是唐代张打油的《咏雪》，是历史上第一首打油诗。它描写的情景是：雪后，大地白皑皑一片，只有屋前那口井没被雪覆盖，好像一个黑窟窿。两只狗在雪地上翻滚打闹，浑身沾满了雪，黄狗变成白色，白狗好像变胖了。诗人别出心裁，用看似俗气的词语来描写，别有一种独特的韵味。

应用场景

　　冬天的第一场雪来临，朋友圈都在借用优美、有意境的古诗来描绘雪景。这时，如果你别出心裁，借用这首打油诗——"江上一笼统，井上黑窟窿。黄狗身上白，白狗身上肿。"一定能脱颖而出。

6. 有趣顶针诗

> 探君归来步缓慢，来步缓慢醉梦微。
> 醉梦微醒鸡报晓，醒鸡报晓探君归。

　　这首诗是一首顶针诗，将上句末尾的三四个字作为下句的开头，使得诗句首尾相连、上下递补、一气呵成。这首诗描写诗人与友人相聚归来后，因为半醉半醒走得缓慢，快到天明晨鸡报晓才回到家中。该诗运用"顶针"的手法，使每句自成一趣，更富有韵律美。

[应用场景]

　　深夜与朋友聚会，醉意浓浓，几个人只能漫步回家。这个时候，你可以借用这首词来自嘲——探君归来步缓慢，来步缓慢醉梦微。醉梦微醒鸡报晓，醒鸡报晓探君归。

7. 巧妙回文诗

四时花影上窗纱，影上窗纱笼晚霞。
纱笼晚霞烟照暖，霞烟照暖四时花。

　　这首诗既是顶针诗，也是回文诗，可以正着读，也可以倒过来读，给人清新优美、意趣盎然的美感。这首诗生动地描绘出傍晚时分花影留窗、晚霞映花窗的绝佳美景。一团花影，一扇花窗，一道晚霞，构成如画风景。

[应用场景]

　　傍晚时分，看到花影和晚霞都倒映在窗户的玻璃上，美不胜收。这时，如果你不知道如何描绘此情此景，可以借用这首诗——四时花影上窗纱，影上窗纱笼晚霞。纱笼晚霞烟照暖，霞烟照暖四时花。

"圈地自萌"的名人说辞

"圈地自萌",是指在自己的小圈子里自娱自乐,沉迷于自己的兴趣爱好。这表达了年轻人只关注自我、"两耳不闻窗外事"的生活态度。其实,很早之前,名人就喜欢这样的生活,还留下了不少千古名句。

1. 拒绝管闲事

躲进小楼成一统，管他冬夏与春秋。

这句话出自近代鲁迅的《自嘲》，作于1932年秋。当时，鲁迅遭受种种迫害和威胁，处境十分危险。之后，郁达夫与王映霞在聚丰园宴请鲁迅、柳亚子等人，鲁迅有感而发，写下此诗，表达自己不管外界发生怎样变化，他都躲进小楼，不改变志向的决心。

应用场景

职场中，有同事因为工作发生争执，或因为利益产生纠纷，而你不想参与其中，就可以这样说——躲进小楼成一统，管他冬夏与春秋。

2. 莫问闲事，心情舒畅

问余何意栖碧山，笑而不答心自闲。

这句话出自唐代李白的《山中问答》，作于李白隐居湖北安陆桃花岩时期。有人问诗人为什么幽居深山，诗人只笑不答，但心中却充盈着悠闲和惬意。诗人以问答的方式抒发了隐居山林、不问世事的自在和惬意。

应用场景

生活中，我们要学会不管闲事，对于任何与己无关的闲事都要选择闭嘴。如果他人来问你，可以这样委婉地拒绝发表意见——问余何意栖碧山，笑而不答心自闲。

境遇篇 / 103

3. 不插手别人的事情

> 闭门不管庭前月，分付梅花自主张。

这句话出自宋代陈郁的《苦吟》，描写的情景是：诗人寄住在荒凉的驿站，又赶上霜降时节，天气寒冷。夜深时，诗人借着月色，赏花吟诗，无奈苦苦不能成篇。于是，诗人既无心赏月，也无心赏梅，索性关上屋门，不再理会，就让梅花想怎样就怎样吧。

应用场景

朋友和同事有事请你帮忙，你提供了建设性的意见，但对方却不听，仍按照自己的想法做。这时，你不想继续管他，但又不好直接说出口，可以这样说——闭门不管庭前月，分付梅花自主张。

4. 管好自己就行了

> 性拙身多暇，心慵事少缘。

这句话处在唐代白居易的《北院》。元和十年（815），白居易被贬为江州司马。这是他人生的转折点，之前他常常被排挤，虽担任闲职，但仍以兼济天下为志向，之后则失去热情，整个人慵懒起来，远离世事纷扰，选择独善其身。在幽静的小院，诗人最能体会远离纷扰的自在，也不自觉地想起当下的处境，于是写下此诗。

应用场景

不管任何时候，你想要管别人的事，插手别人的人生、决策，都会让自己受累。当你想要插手别人的事、指点人家的时候，可以对自己说——性拙身多暇，心慵事少缘。

5. 不管别人怎么说，我问心无愧

不要人夸颜色好，只留清气满乾坤。

这句话出自元代王冕的题画诗《墨梅》。画中小池边的梅花盛开，朵朵梅花都是用淡淡的墨水点染而成。梅花不期待别人夸赞它颜色鲜艳，只愿给人间留下清香。诗人表面赞美梅花，实际以梅花自喻，表达独善其身、不在意世俗的节操。

应用场景

当你做某件事遭到别人的指指点点、批评或指责的时候，不要怀疑自己，要坚信自己的选择，并大胆地对所有人说——不要人夸颜色好，只留清气满乾坤。

古人"丧"起来，
　　有现代人什么事儿！

现在年轻人群体流行一种"丧文化"，即遇到学习、事业、生活、感情等不顺时，都喜欢"丧"一下。其实，"丧文化"自古有之，因为诗人大多失意过、失败过、潦倒过、离别过。他们留下不少读起来很"丧"的诗句，把忧伤、失意、郁闷和悲观写得意味深长。

1. 自我安慰

瘦影自临春水照，卿须怜我我怜卿。

这句话出自明代冯小青的《怨》。诗人化好了新的妆容，希望能博得丈夫一笑，可惜并不能如愿。诗人临水自照，看着水中清瘦的自己，不禁伤心地自言自语：你要好好爱我，因为我是如此爱你。这首诗写出了独守空闺的妇人见不到丈夫，日渐消瘦，只能顾影自怜的惆怅与忧伤。

应用场景

生活中遇到不如意时，得不到家人、朋友的理解和关心，心中难免忧伤和失望，这时你可以对自己说——瘦影自临春水照，卿须怜我我怜卿。

2. 感叹美好时光的短暂

春情只到梨花薄，片片催零落。

这句话出自清代纳兰性德的《虞美人·春情只到梨花薄》，是词人写给已故妻子的。梨花的花期比较短，只盛开七八天便凋落。花易凋零人易逝，词人借梨花的命运来感叹与妻子相处的美好时光的短暂，抒发了词人内心的无限哀伤，以及浓浓思念。

应用场景

美好的东西总是短暂的，爱情是，友情也是。与朋友别离，回想起曾经相处的美好时光，有幸福，也有忧伤。这时，你可以这样抒发感慨——春情只到梨花薄，片片催零落。

境遇篇 / 107

3. 生活没盼头

> 寂寂竟何待，朝朝空自归。

这句话出自唐代孟浩然的《留别王侍御维》，意思是天天在寂寞失望中度日，还等待什么呢？诗人40岁进京考进士，不第，感觉在京没什么希望了，于是打算回襄阳，归隐山林。随后，诗人与友人王维告别，写下此诗，表达不忍与友人分别的留恋，以及怀才不遇的失望与惆怅。

应用场景

工作屡屡受挫，领导时常挑剔批评，辛辛苦苦加班，业绩却不如同事。当你失望至极，怀疑自己根本不适合这一份工作，并在打了退堂鼓的时候，可以这样表达心境——寂寂竟何待，朝朝空自归。

4. 你们都走了，就剩我孤身一人

> 老景萧条，送君归去添凄断。

这句话出自宋代毛滂的《烛影摇红·送会宗》。会宗，名沈蔚，是词人的老友，也是当时很有名的词人。当时，沈蔚返乡回家，与词人分别，加上词人晚年官运不佳，生活艰难，因此顿感孤独和凄凉。之后，词人又设想老友回家后自己的孤寂，反衬出自己与老友分别后的凄凉、寂寞心境。

应用场景

与十几年的老友聚会,短暂地相聚后,大家又匆匆离去,各奔东西。在车站送别友人之时,你可以用这句话来表达不舍——老景萧条,送君归去添凄断。

5. 前路迷茫,不知该走向何方

云海茫茫无处归,谁听哀鸣急。

这句话出自宋代朱敦儒的《卜算子·旅雁向南飞》,是靖康之难后,词人南渡避祸时所作。词人借南飞途中与雁群失散的孤雁,遭遇风雨,饥渴难耐,又时刻担心被弓箭射杀,不知去往何处的凄惨,比喻自己和无数南逃宋人的孤苦无依、诚惶诚恐。

应用场景

人到中年,遭遇失业危机,重找工作十分艰难,创业则更加艰难。面对这样的处境,你感觉前路茫茫,只能长叹一句——云海茫茫无处归,谁听哀鸣急。

境遇篇 / 109

每天都有 "小确幸"

来自古代的"小确幸"宣言

何谓"小确幸"?就是生活中那些简单、微小的美好、幸福和快乐。生活不缺少"小确幸",只要我们肯发现,便处处有惊喜。现在如此,古代也是如此。与现代人相比,古人更浪漫,且有一颗有趣的灵魂,时不时就会发表一些"小确幸"宣言。

1. 家庭中的"小确幸"

日出两竿鱼正食，一家欢笑在南池。

这句话出自唐代李郢的《南池》，全诗描写的是一家人池边垂钓的温馨画面：一家人在河边钓鱼，随着太阳高高升起，鱼儿一条接着一条咬钩，全家洋溢着欢快的笑容。

应用场景

阳春三月，一家人去有山有水的地方郊游踏青，并兴致勃勃地来到河边钓鱼。此时，你想形容一家人其乐融融的"小确幸"，可以说——日出两竿鱼正食，一家欢笑在南池。

2. 婚姻中的"小确幸"

妆罢低声问夫婿，画眉深浅入时无。

这句话出自唐代朱庆馀的《近试上张籍水部》，描写的情景是：新婚第二天，夫人梳妆打扮好，等着天亮后去堂前拜见公婆，然后轻声地询问丈夫，自己的妆容如何，眉毛的浓淡画得是否合时宜。其实，这是诗人进士考试前呈给水部郎中张籍的"行卷"，以新妇自比，以新郎比张籍，以公婆比主考官，询问自己的文章是否合主考官心意。

应用场景

你准备参加一个私人或正式的活动，精心打扮之后，担心妆容不好看或不服帖，这时可以询问身边丈夫的意见——妆罢低声问夫婿，画眉深浅入时无。

3. 友情中的"小确幸"

有朋自远方来，不亦乐乎？

这句话出自《论语·学而》，意思是有志同道合的朋友从远方来，你难道不感到心情愉快吗？这句诗表达了朋友间的深厚友谊，以及欢迎朋友的喜悦之情。

应用场景

下班前，外地朋友发来信息，说自己已到你的城市，晚上能否聚聚？这时，你可以用这句话表达好朋友相见的"小确幸"——有朋自远方来，不亦乐乎？

4. 爱情中的"小确幸"

夜月一帘幽梦，春风十里柔情。

这句话出自宋代秦观的《八六子·倚危亭》。宋神宗元丰年间（1078—1085），秦观在扬州偶遇一位多情女子。月夜里，两人一见钟情，一帘幽梦，十里柔情。随后，诗人离开扬州，忆起以往与女子共处的美好时光，不禁泛起无边的思念和伤感。

应用场景

你与爱人陷入热恋，几乎每天都你侬我侬、柔情蜜意。当你庆幸能拥有这美好时光，可以对爱人说——夜月一帘幽梦，春风十里柔情。

5. 生活中的"小确幸"

正是江南好风景，落花时节又逢君。

这句话出自唐代杜甫的《江南逢李龟年》。李龟年是唐玄宗时期的著名乐师，时常为贵族豪门歌唱。诗人年少时才华出众，时常出入岐王李隆范和中书监崔涤的门庭，欣赏李龟年的歌声。安史之乱后，两人各自奔波，几十年后，又得以在江南重逢。诗人有些庆幸，又有些感伤。

应用场景

大学毕业后，与当初要好的同学各奔东西，一直未能见面。偶然机会，在江南旅游的时候碰到，这时可以用这句诗表达这种"小确幸"——正是江南好风景，落花时节又逢君。

人生苦短，
"躺平"勿扰

古人也爱"躺平"，
但他们有更好的说辞

如今，许多人将"躺平"挂在嘴边，甚至落实到了行动上。"躺平"表达的是一种"不反抗、不关心、不动心"的生存态度，事实上，许多古代名人也有过"躺平时刻"，只不过他们会用更美的言辞来形容自己的"躺平"态度，甚至还为自己的"躺平"冠以高大上的"借口"。

1. 无可奈何式"躺平"

世事浮云何足问,不如高卧且加餐。

这句话出自王维的《酌酒与裴迪》。裴迪是王维的好朋友,才华横溢却不被赏识。尤其是安史之乱后,天下动荡,烽烟四起,王维、裴迪这样的落魄文人更加难以施展抱负。于是,二人饮酒时,王维写下《酌酒与裴迪》,其中"世事浮云何足问,不如高卧且加餐",表达了王维无法改变时局、命运,只好不问世事,选择"躺平"的心境。

应用场景

生活暂时不如意,大环境不利于自己时,若想要暂时放空自己、一心享受生活,便可以对人说——世事浮云何足问,不如高卧且加餐。

2. 忙里偷闲式"躺平"

醉后不知天在水,满船清梦压星河。

这句话出自元末明初诗人唐珙的《题龙阳县青草湖》,描述的场景是:诗人在一次宴饮之后醉卧船上,醒来时见天上星汉灿烂,水上倒影漫天星光,自己如同乘天舟遨游太空,无比惬意,不知自己是在梦中还是现实中。这一刻,诗人不会再想任何世间俗物,只沉迷于短暂而美好的"躺平时光"。

境遇篇 / 115

> **应用场景**
>
> 经过一段忙碌且充实的时间之后，你完成了任务，实现了目标，选择犒劳一下自己，让自己放松一下，此时便可以说——醉后不知天在水，满船清梦压星河。

3. 嘴上说说式"躺平"

> 几时归去，作个闲人。
> 对一张琴，一壶酒，一溪云。

这句话出自苏轼的《行香子·述怀》。此诗作于元祐元年（1086）后，当时苏轼被召回朝廷，担任翰林学士、知制诰等要职，每天忙里忙外，所以非常向往理想中的"躺平"生活，便发出"几时归去，作个闲人。对一张琴，一壶酒，一溪云"的感慨。可惜，苏轼向往的生活只能停留在嘴上。

> **应用场景**
>
> 在最忙碌、最有价值的时光里，想要求片刻安闲而不得的时候，你可以用"几时归去，作个闲人。对一张琴，一壶酒，一溪云"，来给自己一个心理安慰。

4. 无欲无求式"躺平"

> 茶一碗，酒一尊，熙熙天地一闲人。

这句话出自宋代王柏的《夜宿赤松梅师房》，描述的场景是：诗人夜宿赤松梅师房间，以茶为伴，以酒为友，过着简单质朴、远离世俗纷扰的生活，享受着内心的平静。这样的生活方式，让诗人感到满足和快乐，也找到了心灵的归宿。

应用场景

你厌倦了喧嚣的城市生活，厌倦了忙碌纷争，想要过简单的生活，给生活和内心做减法。这时，你可以用"茶一碗，酒一尊，熙熙天地一闲人"，来描绘自己理想的生活状态。

5. 心灰意懒式"躺平"

花亦无知，月亦无聊，酒亦无灵。

这句话出自清代郑板桥的《沁园春·恨》，作于郑板桥出仕前，客居扬州，生活困苦之时。诗人在扬州生活十年，居住在破巷之中，房屋也是破坏不堪，而他无以为计，只能靠卖画维持生计。其间，妻子不幸离世，更让诗人心灰意懒，愤恨不已，便写此诗抒发内心的情感。

应用场景

经历事业失败和婚姻不幸，你心灰意懒，感觉生活失去意义，做什么都没有兴趣，只能在心中默默叹息——花亦无知，月亦无聊，酒亦无灵。

6. 顺其自然式"躺平"

老校于君合先退，明年半百又加三。

这句话出自唐代白居易的《除夜寄微之》，创作于白居易任职苏杭期间。诗人感叹自己年过半百，仕途不顺，一事无成，深感惭愧。于是，他打算辞官回乡，寄情山水。

应用场景

职场中，你资历老，做的工作也比较多，但不受重视，所以做得不开心，想要退居二线却不好意思说出口，这时可以这样说——老校于君合先退，明年半百又加三。

励志篇

"咸鱼"也是有梦想的

今有"咸鱼",
古有"凌云志"

面对越来越"卷"的大环境,很多人感到迷惘,不知道该何去何从,于是选择享受甚至是得过且过;更有许多人,因失意而消沉,忘记初心,忘记梦想,在该努力的年纪选择逃避与沉沦。然而,人生在世,缺乏了远大的志向,不为梦想而努力、拼搏,和"咸鱼"有什么区别?

迷惘与失意,不是你回避现实的理由。一个人只要有梦想,只要够坚定、肯去拼,就能成就辉煌。事实上,古人亦不甘于做"咸鱼",而是常怀凌云之志,孜孜以求之。

1. 目标明确，必须"内卷"

> 宁为百夫长，胜作一书生。

这句话出自初唐杨炯的《从军行》，借用乐府旧题"从军行"，全诗描述的是一个读书士子投笔从戎、出塞参战、保卫边疆的全过程。其中"宁为百夫长，胜作一书生"，直接点明诗人的志向，抒发了他对这种不平凡生活的热爱，以及宁愿做个下级军官驰骋沙场，为保卫边疆而战的壮志豪情。

应用场景

不想做"咸鱼"，便要明确目标，树立梦想，然后坚定地对自己和他人说——宁为百夫长，胜作一书生。

2. 心怀不甘，仍旧追梦

> 我欲穿花寻路，直入白云深处，浩气展虹霓。

这句话出自宋代黄庭坚的《水调歌头·游览》，借用《桃花源记》的典故，含蓄地表达了对现实的不满。现实虽残酷，但黄庭坚仍不甘心，心怀渴望。"我欲穿花寻路，直入白云深处，浩气展虹霓"三句，写出诗人想要穿过桃花源的花丛，走向飘浮白云的山顶，一吐胸中浩然之气的决心，表达了他期待施展才华、实现抱负的渴望。

励志篇 / 121

应用场景

面对不如意，人很容易消沉，不仅会失去对未来的渴望，还不能坚定地实现梦想。此时，如果你仍有一丝丝不甘心，便可以说——我欲穿花寻路，直入白云深处，浩气展虹霓。

3. 想做"佛系"追梦人

何计长来此，闲眠过一生。

这句话出自唐代姚合的《秋夜月中登天坛》。天坛是王屋山的顶峰，传说是黄帝祈天的地方。姚合于秋天时节，踏月登峰，感受星辰的浩瀚、深山的幽静，于是愈加觉得清心寡欲，进而生出想远离世俗纷扰、安宁度过一生的"佛系"愿望。

应用场景

当你因为繁杂琐事而苦恼，因压力过大而抑郁之后，想要寻求内心的清净，过悠闲的生活时，便可以说——何计长来此，闲眠过一生。

4. 野心勃勃，胸怀大志

万里不惜死，一朝得成功。

这句话出自唐代高适的《塞下曲》。天宝十二年（753），高适投笔从戎，到河西节度使哥舒翰幕府掌书记。同年，哥舒翰收复西河九曲，立下赫赫战功，高适以这次战争为背景作下此诗。诗人歌颂了将士们从军赴边、生死搏战的英雄气概，同时也表达了自己一心报国、建功立业的远大理想。

应用场景

如果你不甘心平庸，一心想要成就一番事业，实现自己的梦想，便可以用它来激励自己——万里不惜死，一朝得成功。

5. 追梦失败，巧妙"挽尊"

由来得丧非吾事，本是钓鱼船上人。

这句话出自唐代赵嘏的《落第》。赵嘏多次参加科举，但都未能中举，逗留长安十一年之多。因此，他也写下很多落第诗，或是发泄，或是劝勉与自己同命相连的友人。这首《落第》便是其中之一，既表达了他的羞愧之情，又对自己进行了劝慰。"由来得丧非吾事，本是钓鱼船上人"一句，就是劝慰自己：人生在世，得失不在我，并不是我努力了就一定能成功，因为我本就是"钓鱼船上人"。

应用场景

人人渴望梦想成真，但现实是残酷的，追梦失败的人大有人在。当你努力了却失败的时候，可以对自己说——由来得丧非吾事，本是钓鱼船上人。一方面劝慰自己，一方面巧妙"挽尊"。

5. 光说不做，梦想一定不会实现

清谈可以饱，梦想接无由。

这句话出自唐代韩愈的《洞庭湖阻风赠张十一署·时自阳山徙掾江陵》，是他写给挚友张署的赠诗。当时，韩愈正逢被贬之际，由阳山令移职江陵法曹，路过洞庭湖，遇到风浪，不得前行。这一刻，韩愈既期盼天气能雨过天晴，又希望人生能"云开日出"，实现理想抱负。同时，韩愈发出感慨：空谈哲理可以得到满足，但心中梦想却没有办法实现。言外之意，心中有梦，并努力去追求，脚踏实地，才是正确选择。

应用场景

　　理想很丰满，现实很骨感。当你觉得梦想可望而不可即的时候，反问一下自己：是否只是空谈梦想，从来不付诸行动？如果答案是肯定的，就需要告诫自己——清谈可以饱，梦想接无由。

打工人，打工魂

即便不是"打工人"，
诗人也有"打工魂"

"勤"，是被人们高度推崇的美德。人们普遍认为，只有勤奋、努力才能获得成功与尊重。今天，社会上绝大部分是"打工人"，而"打工人"想要出人头地，创造美好生活，就必须勤劳，付出不懈努力。在古代，古人也强调"勤"，即便不是"打工人"，也深信"勤能创造奇迹"。

1. 劝人勤劳踏实

> 业精于勤，荒于嬉；行成于思，毁于随。

这句话出自唐代韩愈的《进学解》。唐宪宗元和八年（813），韩愈46岁，任国子学博士，教授学生。所谓"进学"，就是勉励学生刻苦学习，求取进步。虽然全文是韩愈假托向学生训话，感叹自己的怀才不遇，但其劝勉学生勤奋努力之心是真诚的。韩愈通过问答的方式，告诫学生：只要在"业"和"行"两方面刻苦努力，踏实上进，便不愁没有作为。

应用场景

当年轻人在学业或事业上漫不经心，懒惰、贪玩、不求进取的时候，你可以这样来劝诫——业精于勤，荒于嬉；行成于思，毁于随。

2. 不付出就不会有收获

> 千淘万漉虽辛苦，吹尽黄沙始到金。

这句话出自唐代刘禹锡的《浪淘沙·其八》，它表面上描述的是淘金人要经过"千淘万漉"，滤尽泥沙，才能淘到金子的艰辛，实际上是表达自己的心志：尽管受到小人诬陷，被罢官降职、贬谪他乡，也不改变自己的初衷；正因为这样，历尽辛苦之后，自己的冤屈才能被洗刷，有施展抱负的那一天。

应用场景

成功不是一蹴而就的，需要不断努力和付出。当你遇到挫折和困难的时候，因不成功而不愿继续努力的时候，可以对自己说——千淘万漉虽辛苦，吹尽黄沙始到金。

3. 悄悄努力，才能一鸣惊人

博观而约取，厚积而薄发。

这句话出自宋代苏轼的《稼说送张琥》，是苏轼写给好友张琥的杂说。当时，苏轼正在京都任职，张琥归家前来看望他，而苏轼有感于当时士大夫急功近利、浅薄轻率的陋习，特意写了此文，希望与他共勉。苏轼从种庄稼说起，认为学习、做学问时，只有假以时日，勤苦修炼，才能有真才实学，有所成就。

应用场景

当自己和他人在学业或事业上表现出浮躁、急功近利、不愿踏实努力的时候，你可以用这句话来勉励自己或与他人共勉——博观而约取，厚积而薄发。

4. 想赚钱？得努力啊

富贵本无根，尽从勤里得。

这句话出自明朝冯梦龙《醒世恒言》第三十五卷"徐老仆义愤成家"，描述的情景是：明嘉靖年间（1522—1566），三兄弟在父亲去世后分家，老大、老二趁三弟去世，欺负弟媳、侄子，只分给他们不好的田产和老奴。老奴不甘心，替主人外出经商，终为其赚来巨额财富。冯梦龙不但赞扬了老奴，更揭示了一个道理：富贵并非固定不变，全靠勤奋努力得来。只要你肯努力，就可以赚取财富，改变命运。

应用场景

当他人哀叹命运，抱怨"为什么别人富有，我却贫穷"的时候，你可以劝勉他去奋斗，把命运掌握在自己手中，对他说——富贵本无根，尽从勤里得。

生前何必久睡，
**　　死后自会长眠**

/"一睁一闭，一天过去"
——古人都看不下去了！/

很多时候，我们会不知不觉地把大把时间浪费掉——刷短视频、发呆、拖延、赖床、无意义地熬夜……然而，人生苦短，时间宝贵，我们为什么要白白浪费掉大好年华呢？年轻人想要有所为，就应该珍惜大好年华，把时间花在有价值的事情上。

事实上，古人非常珍惜时间，在很多文学作品中写下了勉励自己或劝诫他人珍惜时间、尽早努力的名句。

1. 劝人不要浪费青春

黑发不知勤学早，白首方悔读书迟。

这句话出自唐代颜真卿的《劝学》，是颜真卿勉励人们珍惜年少时光、勤奋学习、有所作为的诗作。颜真卿年少时，家境贫寒，但在母亲的教诲下，学习非常刻苦，时常学习到三更灯还亮着，五更又早早起来。正是这样，他学有所成，成为大书法家；正是这样，他有感而发，劝勉少年们好好学习，避免"黑发不知勤学早，白首方悔读书迟"的情况发生。

应用场景

当你不愿吃学习的苦时，当你沉浸游戏、网络之中时，当你认为学习没意义时，可以对自己说——黑发不知勤学早，白首方悔读书迟。

2. 再不努力就老啦

莫等闲，白了少年头，空悲切。

这句话出自南宋爱国将领岳飞的诗篇《满江红·怒发冲冠》。据学者研究，此词创作于岳飞奉诏被迫班师到入狱的阶段，表达了渴望杀敌、保卫疆土的壮志，以及梦想破灭的不甘与悲愤。面对现实与理想的冲突，岳飞发出了"莫等闲，白了少年头，空悲切"的感慨，这一刻也是激励和告诫人们：要抓紧时间建功立业，切勿虚度年华，否则只能等到年老时独自悔恨、独自悲切。

应用场景

有梦想，但不愿努力，随随便便虚度光阴，或者只图享受、不思进取的时候，你可以对自己说——莫等闲，白了少年头，空悲切。

3. 人生苦短，时间宝贵

人生天地之间，若白驹过隙，忽然而已。

这句话出自战国时期的《庄子·外篇·知北游》，描述的情景是：孔子有一次专程去请教老子什么是"至道"，老子要孔子斋戒沐浴，然后说"人生天地之间，若白驹过隙，忽然而已"。这句话后来演化为成语"白驹过隙"，旨在告诫大家：人生苦短，应珍惜时间，用有限的时间去做有价值的事情，努力拼搏出一番事业。

应用场景

当他人不知珍惜时间，把时间浪费在玩乐、发呆、无所事事的时候，你可以劝他珍惜时间，利用宝贵的时间发奋努力，对他说——人生天地之间，若白驹过隙，忽然而已。

4. 别仗着年轻瞎挥霍

莫倚儿童轻岁月，丈人曾共尔同年。

这句话出自唐代窦巩的《赠王氏小儿》。王氏小儿可能是窦巩朋友的孩子，诗人以长者身份劝勉孩子要珍惜时间，早些立志、努力，而不是仗着自己年纪小，就轻易地把时光浪费掉。其中"莫倚儿童轻岁月，丈

励志篇 / 131

人曾共尔同年"一句，是诗人现身说法，说自己也曾与你一样年少，有着美好的年华，但如今，光阴不再，想要努力，已经晚矣。

应用场景

如果看到他人随意挥霍时间，还扬言说"我还年轻，有一大把的时间"，你可以对他说——莫倚儿童轻岁月，丈人曾共尔同年。

5. 出名得趁早

> 盛衰各有时，立身苦不早。
> 人生非金石，岂能长寿考？
> 奄忽随物化，荣名以为宝。

这三句出自东汉末年（184－220）的《回车驾言迈》，可能是献帝时期的文人所作。当时社会动荡，士人饱受玩弄，内心充满苦闷、不甘，同时也梦想着及早立身，有所建树。"立身苦不早""荣名以为宝"，是诗人对于建立功名的机会来得太迟的感慨，也表达了他希望早日获取荣禄、声名的愿望。

应用场景

当他人纠结该不该早起做事、该不该趁年轻做些什么事，或者借口没什么机会、时机不成熟的时候，你可以这样来敲醒他——盛衰各有时，立身苦不早。人生非金石，岂能长寿考？奄忽随物化，荣名以为宝。

当代青年——"嘎嘣脆"

现代"脆皮青年"
VS 古代"文艺青年"

如今,"脆皮青年"这个词流行起来,很多年轻人自嘲是"脆皮青年"——伸个懒腰,脖子扭伤了;小跑一下,腿抽筋了;与人发生小冲突,气出了心脏病……这反映出现代年轻人身体和心理上的脆弱,当下的年轻人应该多锻炼身体,保证身体健康。

其实,古代年轻人并不"脆皮",即便是文人雅士,也注重健身、养生。因为在他们看来,身体强健,才能意志坚定,建功立业。因此,在很多诗词中,古人往往会祝家人、友人身体健康,并强调强身健体的好方法。

1. 希望大家都能身体健康

> 但愿身长健，浮世拚悠悠。

这句话出自宋代曾觌的《水调歌头·书怀》，描写的是词人与友人在溪山畅游的情景，还回忆了曾经与友人在庾公楼等地一起饮酒作诗的美好时光。最后一句，"但愿身长健，浮世拚悠悠"，既表达了词人对生命的热爱和对时光飞逝的感叹，也表达了对大家身体健康的美好祝愿。

应用场景

与朋友聚会，回忆美好时光，回忆拼搏岁月，感叹美好生活来之不易的时候，你便可以对大家说——但愿身长健，浮世拚悠悠。

2. 分别时祝愿友人保重身体

> 只祈彼此身长健，同处何曾有别离。

这句话出自宋代魏了翁的《鹧鸪天·别许侍郎奕即席赋》，是魏了翁写给好友许侍郎奕即的。两人聚少离多，总是阴差阳错见不到面。某日魏了翁从潼关派遣使者出使，奕即准备从潼关离去，两人不期而遇，但随即又匆匆离别。尽管人生中有很多离别，但词人希望好友能身体健康，于是在分别时留下美好祝愿，祈求双方身体都能健康，早日相逢。

应用场景

与朋友聚会，又不得不各自奔波、匆匆离去，你可以表达自己的希冀——只祈彼此身长健，同处何曾有别离。

3. 想长命百岁，得好好养生

惜气存精更养神，少思寡欲勿劳心。

这句话出自明代名医龚廷贤的《摄养诗》。龚廷贤出身中医世家，医术甚为高超，极其注重保健养生。龚廷贤活到了 92 岁，根据他一生从医治病、保健养生的经验，归纳出这套养生保健的方法。其中"惜气存精更养神，少思寡欲勿劳心"，讲的是：若欲延年益寿，首先要养好身体的精、气、神，做到少思寡欲，不要胡思乱想。

应用场景

身体是革命的本钱。如果人不注重保养身体，透支身体健康，为一些琐事费心费神，就会导致身体状况大不如前，你可以这样劝慰他人——惜气存精更养神，少思寡欲勿劳心。

4. 身体重要，好好吃饭

愿保千金躯，努力加餐饭。

这句话出自宋代王炎的《通守赵侯改倅会稽以诗饯行》，是王炎为同僚饯行时所作。诗人感叹今日分别，不知何时才能再相聚，于是劝慰同僚好好吃饭，保重身体。因为不管什么时候，身体都是最重要的。只有身体健康，才有机会再相见，一起施展抱负。

应用场景

当他人因为事业、工作而苦恼，精神不振的时候，你可以对他说——愿保千金躯，努力加餐饭。

5. 身体强健，不畏艰险

四肢谁谓可无骨，五脏自信难留寒。

这句话出自宋代洪咨夔的《送游考功将漕夔门·其七》，是送别游考功将漕夔门时所作。"四肢谁谓可无骨"，比喻身体坚硬如骨，表达了将领具备强健的体魄和坚定的意志；"五脏自信难留寒"，希望将领能保持自信与无畏，即便面对严寒也毫不畏惧。这首诗表达了诗人对将领的期望和祝福，希望他能在征战中保持身体强健，不畏严寒，坚忍不拔。

应用场景

当自己或朋友面对残酷环境或挫折的考验，心中滋生一丝胆怯或犹豫时，你可以这样自勉或勉励朋友——四肢谁谓可无骨，五脏自信难留寒。

努力努力再努力

补充"正能量",
诗人也能玩出"新花样"

处于困境之中,遭遇挫折之后,人们都需要补充"正能量",激励自己积极面对,勇往直前。事实上,"正能量"不是现在才有。古时不少诗词歌赋就蕴藏着人生哲理,在今天读来,依旧能慰藉心灵,让人们精神振奋,或为我们指明人生的方向。而且,与今天的"正能量"语录相比,古人的诗词更富有韵味,意味深长。

励志篇 / 137

1. 别愁了，要及时行乐

> 为乐当及时，何能待来兹？

这句话出自东汉末年（184 — 220）的《生年不满百》，据推测产生年代为汉献帝建安之前的几十年间。当时政治腐败，社会动荡，普通士人几乎没有出路。面对无法改变的现实，诗人深感无奈，于是劝人们不必为那些事而苦闷和烦忧，要通达世事，及时行乐。

应用场景

当你自己或朋友因为不可改变的现实或无法解决的难题而苦恼、烦忧，无心做事或娱乐的时候，你就可以对自己或朋友说——为乐当及时，何能待来兹？

2. 世上只有想不通的人，没有走不通的路

> 从此唯行乐，闲愁奈我何。

这句话出自唐代李建勋的《春日东山正堂作》，描写的是诗人在春日登山观景的情景。当时，诗人无事一身闲，可以无拘无束地出门游玩，看到春日的生机勃勃，便写下了对自然和人生的感慨。"从此唯行乐，闲愁奈我何"，表达了诗人享受安闲生活、无忧无虑的心情，同时感叹：只要想得开，感受美好和欢乐，就什么忧愁都没有了。

应用场景

遇到繁杂琐事或挫折难题，你可以让自己放松一下，到室外去走走，感受大自然，然后大声地对自己说——从此唯行乐，闲愁奈我何。

3. 偶尔遭遇"滑铁卢"而已，别放心上

心地清净方为道，退步原来是向前。

这首偈子是唐朝布袋和尚留下的。据说他是唐僖宗年间（873—888）的名僧，体态肥胖，乐观豁达，时常携带一个布袋，随处寝卧。这首偈子的前两句是"手把青秧插满田，低头便见水中天"，描述的是农夫插秧，低头看到倒映在水田里的天空的情景；"心地清净方为道，退步原来是向前"，则是说农夫边插秧边后退。正因为这样，退步才是真正的向前。

布袋和尚通过插秧来说明人生道理，告诫人们：人生不是只能前进，面对挫折，放弃执着，退一步思量，才能看清前进的方向。很多时候，退一步才是正确的选择。

应用场景

当你偶尔遭遇失败或挫折的时候，不要灰心丧气，也不要硬着头皮继续，完全可以停下来思考一番，然后对自己说——心地清净方为道，退步原来是向前。

4. 风雨总会停，人生总能行

参横斗转欲三更，苦雨终风也解晴。

这句话出自宋代苏轼的《六月二十日夜渡海》。宋哲宗绍圣元年（1094），苏轼成为蔡京等人的迫害对象，一贬再贬，最后远放儋州，直到七年后才遇赦北还。这首诗就是苏轼从海南岛返回，回顾流放生涯时所作。"参横斗转欲三更，苦雨终风也解晴"，不但表现了苏轼的兴奋，还体现了他九死不悔的倨傲之心和旷达心胸——虽然现在有风雨，但总有过去的时候。

应用场景

遇到挫折或失败的时候，遭受打击和迫害的时候，你要相信人生难免遇到风雨，黑暗终究会过去，要不断激励自己——参横斗转欲三更，苦雨终风也解晴。

5. 失败一次，不代表永远失败

莫避春阴上马迟，春来未有不阴时。

这句话出自宋代辛弃疾的《鹧鸪天·送欧阳国瑞入吴中》，描述的情景是：辛弃疾送好友欧阳国瑞去吴中，对方却以"春日连绵阴雨"迟迟不肯动身。事实上，苏轼知晓欧阳国瑞不肯动身的真实原因：一是留恋故乡和友人；二是畏怯前途难料，世路坎坷。于是，苏轼描述吴中的美景美食，鼓励他及时动身，不要再逃避。

应用场景

当他人担心失败，找借口不愿做某事，或者认为做某事的时机不对，总想着拖延的时候，你可以对他说——莫避春阴上马迟，春来未有不阴时。

6. 不管什么时候，都心怀希望

沉舟侧畔千帆过，病树前头万木春。

这句话出自唐代刘禹锡的《酬乐天扬州初逢席上见赠》，作于唐敬宗宝历二年（826）。刘禹锡由于参与王叔文的政治改革，失败后被贬到外地做官。这一年，刘禹锡被召返回洛阳，白居易也从苏州返回洛阳，二人在扬州相遇。白居易作诗相赠，表达了对他被贬的同情与不平，刘禹锡写此诗作答，反而劝慰白居易不必为自己忧伤，因为"沉舟侧畔千帆过，病树前头万木春"，只要有精神，希望就在前方。

应用场景

遭遇不平和打击，遇到困苦和失意的时候，虽然有些愤激和沉郁，但是人要心胸豁达，可以用"沉舟侧畔千帆过，病树前头万木春"来振奋精神，让自己心怀希望。

7. 没人能随随便便成功

不经一番寒彻骨，怎得梅花扑鼻香。

这句话出自唐代高僧黄檗禅师的《上堂开示颂》。梅花不畏严寒，在寒冷的冬天与霜雪对抗依然盛开，傲立枝头，越开越艳。黄檗禅师欣赏梅花，于是用梅花冒雪开放、发出芳香来比喻经过艰苦摸索、禅机顿悟的人们，同时也劝勉人们向梅花学习，坚定决心，战胜一切磨难，成就事业。

[应用场景]

坚持、努力了许久，仍没有成功，甚至还遭遇各种各样的阻力，这时候，你可以对自己说——不经一番寒彻骨，怎得梅花扑鼻香。

古人之"狂",岂止"还有谁"

自古文人多疏狂。"狂",不是狂妄,不是猖狂,而是一种笑对他人,哪怕穿越古今,也不失自信无敌之态,是一种旁若无人、舍我其谁的气概。用今天的话说,就是"迷之自信",不论何时,都敢大声喊出"还有谁"。

1. 我要征服一切

海到无边天作岸，山登绝顶我为峰。

这句话出自清代林则徐的《出老》，是他少时的巧对。当时的情景是：老师带着林则徐等孩童游鼓山，爬上鼓山绝顶峰时，发现一派天风海涛。于是，老师以"海"为题，出一上联"海到无边天作岸"，林则徐则对出下联"山登绝顶我为峰"，表达出一种我脚踏绝顶峰，就是最高峰的豪情，抒发了征服一切的凌云壮志。

应用场景

当你在学业或工作上想要征服难题的时候，或者想要在某一领域超越他人的时候，可以说——海到无边天作岸，山登绝顶我为峰。

2. 我岂是平凡之人

仰天大笑出门去，我辈岂是蓬蒿人。

这句话出自李白的名篇《南陵别儿童入京》。天宝元年（742），唐玄宗召李白入京。因之前很长时间未能实现抱负，所以梦想一朝实现，得召回京的李白异常兴奋，立即回到南陵家中，与儿女告别，准备入京。高兴之余，李白作下此诗。诗中，李白求用心切、受宠忘形之情溢于言表，其中"仰天大笑出门去，我辈岂是蓬蒿人"，更是凸显他的骄傲、自信甚至是自负，以及"我不平凡"的傲气。

应用场景

你很有才华，可惜时运不济，得不到重用。有朝一日，你终得到机会，于是踌躇满志，兴奋异常，便可以说——仰天大笑出门去，我辈岂是蓬蒿人。

3. 我要扭转乾坤

他年我若为青帝，报与桃花一处开。

这句话出自唐末农民起义领袖黄巢的《题菊花》，应作于发动起义之前。要知道，桃花春天开放，菊花秋天开放，两者定不可能同时开放。黄巢却大胆想象，如果自己成为司春之神，定会让菊花与桃花一同在春季盛开。这充满浪漫的想象，表达了希望改天换地、扭转乾坤的豪情与狂傲。

应用场景

如果你到处碰壁，境遇并不如意，但仍坚信自己可以改变命运、扭转局面，便可以自我激励——他年我若为青帝，报与桃花一处开。

4. 古今文人，舍我其谁

**赋料扬雄敌，诗看子建亲。
李邕求识面，王翰愿卜邻。**

这句话出自唐代杜甫的《奉赠韦左丞二十二韵》，作于天宝七年（748）。当时唐玄宗召天下文人志士入京赴试，然而，李林甫却对所有应试之人不予录取。杜甫心情落寞，抑郁愤恨，于是想离京出游，便写

励志篇 / 145

下此诗向韦济告别。诗中，杜甫自认为才华过人，与扬雄、曹植、李邕、王翰不相上下，甚至有过之无不及，可见其狂傲与不甘。

应用场景

郁郁不得志，才华未得以施展，或被他人轻视的时候，可以借助杜甫的诗句，表达自信与不满——赋料扬雄敌，诗看子建亲。李邕求识面，王翰愿卜邻。

5. 特立独行，不被世俗"绑架"

旁观拍手笑疏狂。疏又何妨，狂又何妨？

这句话出自南宋刘克庄的《一剪梅·余赴广东实之夜饯于风亭》。当时的情形是：刘克庄被贬广东，友人王迈来送行。然而，两人并不伤别感慨，而是痛饮酒酣，睥睨世俗，高谈阔论，以至于惊动了东邻西舍。就算如此，他依然不以为意，高声说出"旁观拍手笑疏狂。疏又何妨，狂又何妨？"这句诗淋漓尽致地展现了二人的豪气与疏狂，旁若无人，好似世俗、他人嘲笑全与他无关。

应用场景

生活中，被人嘲笑、不被人理解是难免的。对于用"世俗"眼光看世界的人来说，你的任何"出格"行为都可能被指指点点，此时你不必在意，而是应该对自己或他人说——旁观拍手笑疏狂。疏又何妨，狂又何妨？

"逆行"的倔强
是不屈的模样

/"逆行者"的倔强，诗人也能懂/

生活中，有人会审时度势，顺势而为，有人则喜欢"逆行"，任何时候都坚持自己的初心和原则，不附和、不盲从。即便经历风雨，站在所有人的对立面，也不屈从和改变，这是他的人生态度。

这样的倔强，古人也懂。在诗歌中，他们发出了呐喊，喊出了自己的倔强，喊出了自己的忠贞，甚至为了初心，愿意放弃生命。

1. 不和坏人同流合污

> 安能摧眉折腰事权贵，使我不得开心颜。

这句话出自唐代李白的《梦游天姥吟留别》。此诗是一首记梦诗，李白借梦游仙府名山，抒发了对光明、自由的渴望。李白虽然受帝王优宠，但是在宫廷中受尽屈辱，最后发出激愤的呼喊：安能摧眉折腰事权贵，使我不得开心颜。这不但表达了李白对于黑暗现实的不满，对于权贵的蔑视，更表达了他不愿折腰、同流合污的气概。

应用场景

面对残酷的现实，很多人不得不"为五斗米折腰"。但当权贵、强势群体肆意妄为的时候，你完全可以保持气节，坚持自己的原则，高呼"安能摧眉折腰事权贵，使我不得开心颜。"

2. 拒绝随大溜，勇敢做自己

> 花开不并百花丛，独立疏篱趣未穷。

这句话出自宋代郑思肖的《寒菊／画菊》，描写的是菊花不与百花为丛，独自在秋天盛开，不随俗，不媚时。郑思肖表面写菊花，实际上托物言志。当时元兵南下，郑思肖忧国忧民，上书直谏，痛陈抗敌之策，却不被接纳。郑思肖痛心疾首，隐居苏州，宋亡后，仍不忘故国，写下此诗，表达不媚时、不屈服，宁死不肯向元朝投降的决心。

应用场景

当大部分人赞同一件事，如果你持反对意见，便需要顶着极大的压力。但是如果你坚信自己是对的，就应该做自己，对自己说——花开不并百花丛，独立疏篱趣未穷。

3. 不忘初心，坚持到底

> 眠云机尚在，未忍负初心。

这句话出自唐代许棠的《忆江南》。许棠曾担任江宁丞，后辞官，潦倒离世。此诗是诗人离开故土已久，回忆年轻时代所作，表达了他对故乡和年轻时光的怀念，同时也表达了他不愿背离初心，希望能实现心中愿望之情。

应用场景

当你遇到挫折和困境的时候，如果内心有所动摇，放弃自己的原则，就要告诫自己——眠云机尚在，未忍负初心。

4. 学会接纳，才能有成就

> 泰山不让土壤，故能成其大；
> 河海不择细流，故能就其深。

这句话出自先秦时期李斯的《谏逐客书》，描写的是：泰山不舍弃任何土壤，所以才能有那样的高度；河海不排斥任何细流，所以才能有那样的深度。言外之意，是奉劝秦王不要驱逐六国人才，而要广纳人才，这样才能成就霸业。

应用场景

　　成功的方法很多，但是如果不懂得包容与接纳，而是排斥一切，就很难有成就。所以，当别人都排斥他人的时候，你可以学会接纳，对自己说——泰山不让土壤，故能成其大；河海不择细流，故能就其深。

5. 心存信仰，路多难都不后悔

亦余心之所善兮，虽九死其犹未悔。

　　这句话出自先秦屈原的《离骚》。屈原为楚怀王时期的大夫，对内主张举贤任能、修明法度，对外力主联齐抗秦，但因此遭受贵族排挤毁谤，被流放。于是，他愤慨于自己的不平遭遇，创作《离骚》。"亦余心之所善兮，虽九死其犹未悔"，表达了屈原即便遭遇千难万险甚至是死亡，也要追求理想、坚持内心志向的忠贞情怀。

应用场景

　　在追求理想、实现目标的路上，我们难免会遇到各种各样的挫折、难题和阻碍。如果你坚持心中所向，就可以用这句诗来表达心志——亦余心之所善兮，虽九死其犹未悔。

加油，少年！"奥利给！"

加油、打气，
别只会说"奥利给！"

在今天，"加油"一词被广泛应用。当别人不自信、不努力、消极无助的时候，我们都会真诚地说一句："加油！"然而，"加油"说多了，虽直白，但效果往往大打折扣。

事实上，古人在给自己和他人加油的时候，可不像现在这样简单、直白。在文人的诗词中，他们会把"勉哉""勉之"说得文采斐然、铿锵有力，让人听起来是那么鼓舞人心，感觉文字背后的力量是无穷无尽的。

既然这样，你为什么不效仿古人，想办法让文字文雅且更有力量呢？

励志篇 / 151

1. 当他人自我怀疑之时

时人不识凌云木，直待凌云始道高。

这句话出自唐代杜荀鹤的《小松》。松树小时很不起眼，被埋没在深草丛中，之后虽比蒿蒿高出很多，却仍不被世人认识。直到它已经高耸入云，世人才恍然大悟，知晓和惊叹它的伟岸。此诗讽喻世人眼光短浅，不识有才之人的才华，同时也借助"小松"的成长经历来鼓励他人：不必因他人不认识、不欣赏而自我怀疑，只要你有才华、有价值，等到成为"凌云之才"时，自然让人刮目相看。

应用场景

年轻人若是郁郁不得志，或出身卑微，苦于无人欣赏，甚至自我怀疑、自怨自艾，这时你可以这样鼓励他——时人不识凌云木，直待凌云始道高。

2. 当他人沉浸不幸之时

随富随贫且欢乐，不开口笑是痴人。

这句话出自唐代白居易的《对酒·其二》，表达了他对于世事的一些看法。此诗的前两句为"蜗牛角上争何事？石火光中寄此身"，是说人生短暂，就像电光石火一般，转瞬即逝。白居易对此深有感触，于是劝诫自己和人们：人生在世，富也好，贫也罢，顺遂也好，艰辛也罢，都应该笑着面对，保持积极与豁达。这才是处世之道。

应用场景

　　面对不幸和苦难，我们常常感到无助和沮丧，但是这并不能解决问题。相反，乐观和豁达才能帮助我们找到前进的动力，战胜不幸和苦难。若是他人沉浸不幸，你可以说——随富随贫且欢乐，不开口笑是痴人。

3. 当他人不知努力奋进之时

盛年不重来，一日难再晨。
及时当勉励，岁月不待人。

　　这句话出自晋代陶渊明的《杂诗·其一》。此诗作于义熙十年（414），陶渊明时年50岁，辞官归田已有八年。陶渊明感叹人生无常，种种遭遇和变故不断地改变着人，然而他仍执着地寻求生活的希望和生命的意义，于是劝勉人们抓住时间，寻找快乐。这颇有劝人及时行乐的意味，但其后也延伸为劝诫年轻人珍惜时间，奋发上进。

应用场景

　　当他人虚度光阴、贪图安逸的时候，你可以借用这句话来劝勉——盛年不重来，一日难再晨。及时当勉励，岁月不待人。

4. 当他人做事不专一、不能坚持之时

蚓无爪牙之利，筋骨之强，
上食埃土，下饮黄泉，用心一也。

　　这句话出自战国思想家荀子的《劝学》，通篇围绕"学习不可以停止"来展开。其中"蚓无爪牙之利，筋骨之强，上食埃土，下饮黄泉，用心

一也"，以蚯蚓借喻，告诫人们学习时要专一、执着，不能心浮气躁。当然，学习是如此，做事亦是如此。

应用场景

做事心浮气躁、半途而废，注定无法把事情做成功。此时若是他人心生抱怨，或干脆放弃，你就可以说——蚓无爪牙之利，筋骨之强，上食埃土，下饮黄泉，用心一也。

5. 当他人畏缩不前之时

丈夫生世会几时？安能蹀躞垂羽翼！

这句话出自南北朝时期鲍照所作的《拟行路难·其六》。鲍照本是布衣，出身寒门，好不容易步入仕途，却备受打击，不能有所作为。于是，鲍照借此诗表达了内心的不平与愤恨，运用反问手法，感叹大丈夫怎能像小步行走、垂翼不飞的小鸟一样。

应用场景

当他人遇到危险或难题产生畏惧心理，以至于畏缩不前的时候，你可以及时给他鼓励——丈夫生世会几时？安能蹀躞垂羽翼！

154 / 今文古译

除了钱，我一无所有

要比"凡尔赛"？
古人比你高级多了

如今，人人都在"凡尔赛"，或直白，或含蓄，或漫不经心，或故作苦恼，炫耀的方式层出不穷。如果你有心，会发现身边潜伏着不少"凡尔赛学者"。不过，可不要觉得"凡尔赛文学"是现代人的专利。其实，早在我国春秋战国时期，"凡尔赛文学"就已经有了，而后更是涌现出无数"凡尔赛"大佬。

与古人相比，今人的"凡尔赛"，简直就是小巫见大巫。古人不但遣词造句技高一筹，就连手法也是绝佳美妙。你若能学个一招半式，便可以成为一位优秀的"凡尔赛学者"。

1. 低调炫富

> 小宴追凉散,平桥步月回。
> 笙歌归院落,灯火下楼台。

这句话出自唐代白居易的《宴散》。当时白居易已是晚年,在洛阳做养老的闲官,官至二品,月俸十万,整日以诗酒弦歌为乐。此诗写的是一场寻常家宴结束后,白居易踏着月色归去,闲适地在庭院中步行,听笙歌余音绕院,看灯火一一熄灭的情景。表面来看,白居易是写平常"小宴",实际上却是在"晒"生活的富贵、闲适。

应用场景

当别人"暴力"炫富,如朋友圈"晒"龙虾鲍鱼、豪华住宅,你可以选择低调,用看似平淡的语言,"晒"出"寻常家宴"的闲适惬意——小宴追凉散,平桥步月回。笙歌归院落,灯火下楼台。

2. 假装抱怨,强说愁

> 五花马,千金裘,呼儿将出换美酒,
> 与尔同销万古愁。

这句话出自唐代李白的《将进酒》,描述的情景是:李白与友人岑勋、元丹丘登高宴饮,畅快痛饮,仍不尽情,于是高喊用"五花马""千金裘"换美酒,好图个一醉方休,一起消解这万古愁。虽然当时李白因唐玄宗赐金放还,胸中有郁闷,但是他声名显赫,朋友遍天下,整日能肆意饮酒作乐,还能随意用五花千里马、千金狐皮裘来换酒,不免有假装说愁、实则炫耀的意味。

应用场景

与朋友聚会，或与合作伙伴商谈事情，想要彰显自己的实力，便可以假装抱怨最近有难处，只能效仿李白——五花马，千金裘，呼儿将出换美酒，与尔同销万古愁。

3. 直白炫耀

> 旧第开朱门，长安城中央。
> 第中无一物，万卷书满堂。

这句话出自唐代杜牧的《冬至日寄小侄阿宜诗》。杜牧出身京兆杜氏，爷爷杜佑官至宰相，杜氏从晋代到唐代都是名门望族。可想而知，杜牧的家境是如何优厚！正因为这样，杜牧才在给侄子的诗中直白地炫耀：旧第开朱门，长安城中央。第中无一物，万卷书满堂。

应用场景

当他人询问你的家境、住在哪里的时候，或者想要在他人面前炫耀家境的时候，你便可以直白地说——旧第开朱门，长安城中央。第中无一物，万卷书满堂。

4. 明贬暗褒夸自己

> 老觉腰金重，慵便枕玉凉。

这句话出自北宋寇准的《句》。寇准出身高贵，既是名门望族，又是书香门第，后受到朝廷重用，官至宰相。"老觉腰金重，慵便枕玉凉"一句,是寇准年纪大时,嫌弃用黄金做成的腰带太重,用玉做成的枕头太凉。但事实上,寇准是用一种看似无奈、烦恼的表达,不经意间炫耀自己的优越生活,进行明贬实褒式的自夸。

> 应用场景

想要展现自己的优越生活,又不想说得那么直白,或不希望引起别人反感的时候,你便可以含蓄地炫耀——老觉腰金重,慵便枕玉凉。

5. 借用第三人,巧妙自夸

天下才共一石,曹子建独得八斗,我得一斗,自古及今共分一斗。

这句话出自《南史·谢灵运传》,是南北朝时期谢灵运对自己的评价。谢灵运很有才华,却也恃才傲物。当时他的山水诗深受人们喜爱,他每写出一首新诗,人们立即争相抄录,然后广为流传。宋文帝继位后,欣赏其才华,于是召他回京城做官,并把他的诗作和书法赞为"两宝"。正因为这样,谢灵运更加骄傲,说出:天下才共一石,曹子建独占八斗,我得一斗,自古及今共分一斗。表面上是夸曹植,实则借捧曹植夸耀自己的才华几乎无人能及。

> 应用场景

当你的才华得到他人肯定、被人夸赞的时候,你可以巧妙地"凡尔赛"一番——天下才共一石,曹子建独占八斗,我得一斗,自古及今共分一斗。

6. 自问自答夸自己

> 问何物、能令公喜？我见青山多妩媚，料青山见我应如是。情与貌，略相似。

这句话出自宋代辛弃疾的《贺新郎·甚矣吾衰矣》，是辛弃疾仿陶渊明《停云》"思亲友"之意而作。庆元四年（1198）前后，他投闲置散已经四年，在信州铅山建了新居。虽然辛弃疾功名未竟，对世间万事也慢慢淡泊了，但他仍非常自负、疏狂，于是自问自答——"问何物、能令公喜？我见青山多妩媚，料青山见我应如是。"感叹青山都能知晓自己的才华，世人却不能！

应用场景

尽管你心有大抱负，且有大才华，但未必能让人欣赏，受到重用。当你抑郁不得志的时候，可以一边感慨，一边"凡尔赛"一番——问何物、能令公喜？我见青山多妩媚，料青山见我应如是。情与貌，略相似。

景物篇

春困来袭

春暖花开你总犯困，
诗人妙笔咏春词

古往今来，无数文人墨客对"春"情有独钟。在他们的笔下，春风、春雨、春景都能妙笔生花，诗情画意。更有诗人深谙含蓄之美，句句不含"春"，处处让人感觉春意盎然。若是你喜欢春天，却不善说出春之美，便可以借用绝妙的诗文来描绘。

1. 春天来了，叶子绿了

风回小院庭芜绿，柳眼春相续。

这句话出自南唐后主李煜的《虞美人·风回小院庭芜绿》。描写的情景是：春风吹绿了庭院里的草，柳树上的柳条也萌发了新芽，细长得好像人的睡眼初展。这里诗人写出春天到来，春风带来生机盎然，表达了对春天的渴望。

应用场景

　　冬日过去，春日到来。当你走出家门，看到庭院、路边或花园中的草儿变绿，柳条抽芽，便可以说——风回小院庭芜绿，柳眼春相续。

2. 乡下踏青，偶遇鹅鸭

鹅鸭不知春去尽，争随流水趁桃花。

这句话出自北宋晁冲之的《春日》，前两句是"阴阴溪曲绿交加，小雨翻萍上浅沙"。诗人描绘出绝美的春日画面：小溪绿树，细雨浮萍，鹅鸭嬉戏，桃花逐水。情景如画，令人赏心悦目、心旷神怡。不过，桃花飘落，也代表着春已去尽，此诗也表达了诗人的惜春之情。

应用场景

　　当你与朋友、家人到郊外踏青，看到鹅鸭在溪中嬉戏、追逐落花的情景，便可以说——鹅鸭不知春去尽，争随流水趁桃花。

3. 约朋友一块去踏春

胜日寻芳泗水滨，无边光景一时新。

这句话出自宋代朱熹的《春日》。此诗是一首春游诗，是朱熹与友人踏青、寻觅美好春景时所作。在踏青赏春的过程中，诗人发现春回大地，万物更新，百花竞相开放，呈现出一派生机勃勃、万紫千红的面貌。这首诗既写出了诗人踏青寻景的欢喜，也表达了他看到美好春景的欣喜。

应用场景

　　天气晴朗的周末，你约朋友一起去踏青，看到春回大地，到处是春天的景致，便可以发出这样的感慨——胜日寻芳泗水滨，无边光景一时新。

4. 元宵节发个"朋友圈"

春到人间人似玉，灯烧月下月如银。

这句话出自明代唐寅的《元宵》。诗中描写的是：随着春天脚步的到来，人们也迎来了元宵节。这一天，明月皎洁，如水似银，美人如花似玉，彩灯也带着欢欣的笑意。"春到人间人似玉，灯烧月下月如银"，表达出唐寅对春天到来的喜悦，以及对元宵佳节的热情。

应用场景

　　元宵佳节，皓月高悬。当你与家人出门赏月、观赏花灯之后，还可以在朋友圈晒一晒自己的喜悦之情——春到人间人似玉，灯烧月下月如银。

5. 桃花开了，可真美啊

桃花春色暖先开，明媚谁人不看来。

这句话出自唐代周朴的《桃花》，描写的情景是：春天日渐温暖，桃花争先开放，灼灼其华。于是诗人感叹，这样明媚的桃花，谁会不去欣赏一番？这首诗描写了桃花的明媚艳丽，也表达了诗人对于桃花的喜爱。

应用场景

春天到了，当你去公园赏桃花，被桃花的艳丽惊艳到时，就可以这样来夸赞——桃花春色暖先开，明媚谁人不看来。

6. 你看，这真是放风筝的好时节

儿童散学归来早，忙趁东风放纸鸢。

这句话出自清代高鼎的《村居》，描绘了春天孩子们在村旁的草地上放风筝的画面。孩子们放学早，趁着东风，放肆奔跑，兴致勃勃地放风筝，突出了春天的生机勃勃，也让人不禁想起童年时期自己放风筝的美好。诗人在字里行间也表达了对于春天到来的赞美。

应用场景

看到孩子们欢快地放风筝，你会感受到春天的来临，也会想起童年的美好。这时，当你兴奋地与人分享时，便可以说——儿童散学归来早，忙趁东风放纸鸢。

走出"半生",归来"全熟"

夏日来袭,
品品古人的"热辣滚烫"

夏日炎炎,大多数人只会说"热!热!热!",古人却用或优雅,或含蓄的文字把酷热表现得淋漓尽致。古人写夏天酷热难耐的诗文有很多,比如"清风无力屠得热""天地一大窑",有着异曲同工之妙。古人还写下很多有关夏夜纳凉、夏日赏荷的诗文,让人感觉夏天不只是炎热,更有惬意和美景,无疑给酷热夏天增添了无限情趣。

1. 感叹天气好热

仲夏苦夜短，开轩纳微凉。

这句话出自唐代杜甫的《夏夜叹》，描写的是杜甫夏夜在窗下纳凉的情景。那一年，关中大旱，酷暑难耐，好不容易挨到夜间，杜甫打开窗户，才感觉一丝丝凉意。于是，杜甫希望夜再长一些，让人能疏解夏日的燥热。这表达了杜甫因大旱、酷暑而产生的烦躁之情，以及对于清凉的期盼。

[应用场景]

炎炎夏日，当你难耐酷暑，打开窗户，却只感受到一丝丝微凉的时候，可以这样感叹天气的炎热——仲夏苦夜短，开轩纳微凉。

2. 荷花开了真美

微风忽起吹莲叶，青玉盘中泻水银。

这句话出自唐代施肩吾的《夏雨后题青荷兰若》，应是诗人在夏日雨后所作，描绘了雨后寺庙内的荷花。夏日荷花，本就是一道美丽的风景线，再加上青青莲叶，微风吹过，荷叶摇动，叶片上的水珠像水银一样倾泻下来，让眼前的美景更加明媚动人。

[应用场景]

夏日，赏荷花的季节到了。当你在雨后观赏荷花，看到雨后的荷花随风摇曳、荷叶挂满水珠时，便可以这样赞美——微风忽起吹莲叶，青玉盘中泻水银。

景物篇 / 167

3. 树底下打盹儿

> 树阴满地日当午，梦觉流莺时一声。

这句话出自北宋苏舜钦的《夏意》，前三句写午睡前的情景，末句写午睡后的情景。诗人躺在幽深小院的竹席下，透过帘子看见石榴花开得正艳，浓密的树木隔断了暑气，让人舒适地进入梦乡。一觉醒来，诗人耳边又传来黄莺的歌唱。诗人不但描绘出炎热的夏天，小院一片清凉，也写出了在树下纳凉、打盹的惬意与愉悦。

应用场景

炎热夏日，你在树的庇护下美美地打盹，醒来神清气爽，便可以这样表达心中的惬意——树阴满地日当午，梦觉流莺时一声。

4. 热到快要崩溃

> 清风无力屠得热，落日着翅飞上山。

这句话出自北宋王令的《暑旱苦热》，描写的是：夏日炎热，诗人希望来一阵清风。但即便来了清风，却无力驱散暑热，让诗人感到烦躁和无奈。其中"清风无力"突出了暑旱之甚，酷热难当。"屠得热"，运用拟人手法，表达了诗人对暑热的憎恨，以及苦热难捱的心情。

应用场景

三伏干旱，尤为闷热，就连风吹过，都如同一股热浪吹来。当你热得快要崩溃的时候，可以用这句话表达难忍的心情——清风无力屠得热，落日着翅飞上山。

5. 听到林中虫鸣

> 竹深树密虫鸣处，时有微凉不是风。

这句话出自宋代诗人杨万里的《夏夜追凉》。诗人撇开酷暑的炎热，从深夜"追凉"着手，通过描写竹林深深、虫鸣唧唧，突出了大自然的宁静。身处这样的环境，即便没有清风吹过，也能让人感觉一阵清凉。诗人描绘的这幅夏夜追凉图，也让读者感觉到了一丝丝凉意。

应用场景

当你在炎热的夏夜，在静谧的郊外、乡村或山区避暑，感觉夜深气清的时候，便可以说——竹深树密虫鸣处，时有微凉不是风。

秋天 "咻"一下
就过去了

"咻"季节，悲欢皆在字里行间

秋天是收获的季节，让人心生喜悦；秋天也是离别的季节，落叶飘零、大雁南飞，让人感觉悲伤和孤寂。今天，人们用朋友圈来记录生活、表达情感，而古时，诗人却用优美的诗词来记录秋天，抒发秋思和秋愁。字里行间，有古人的悲欢离合，也有他们的浪漫情怀。

1. 中秋将至，想家了

> 乡书不可寄，秋雁又南回。

这句话出自唐代诗人韦庄的《章台夜思》，创作于诗人身在外地，思念家乡之时。时值深秋，中秋将至，诗人看到结伴南飞的大雁，升起思念家乡、亲人朋友之情。然而，韶华已逝，家书难寄，让诗人感到无尽孤独、愁苦。

应用场景

中秋将至，当你独在异乡，思念故乡的家人、朋友的时候，就可以用这句话来表达愁思——乡书不可寄，秋雁又南回。

2. 瞧见落叶，心里悲伤

> 一声梧叶一声秋，一点芭蕉一点愁，三更归梦三更后。

这句话出自元朝徐再思的《水仙子·夜雨》，描写的是在凄凉寂寞的旅店里，词人形单影只，夜里倾听雨打梧桐叶、芭蕉叶，难以入睡的情景。在古人的作品中，梧桐叶落，总是与深秋、愁思、孤单联系在一起，因此，"一声梧叶一声秋，一点芭蕉一点愁"写出了词人漂泊在外、独身一人的愁苦和寂寞。

景物篇 / 171

> **应用场景**
>
> 当你遭遇不快，感到孤单寂寞，因为看到秋雨、落叶而种种烦忧涌上心头的时候，可以这样抒发伤感的情绪——一声梧叶一声秋，一点芭蕉一点愁，三更归梦三更后。

3. 说起秋日，就想起丰收

春种一粒粟，秋收万颗子。

这句话出自唐代李绅的《悯农·其一》，它形象地描绘出秋天丰收、到处硕果累累的景象。诗人用"一粒粟""万颗子"，突出农民通过劳动获得丰收的艰辛，也赞美了农民的勤劳。

> **应用场景**
>
> 秋日，想到丰收的景象，或看到农民收获粮食的喜悦，你便可以这样表达——春种一粒粟，秋收万颗子。

4. 秋风一吹，人就惆怅了

当年不肯嫁春风，无端却被秋风误。

这句话出自宋代贺铸的《踏莎行·杨柳回塘》。这首诗表面是咏荷花，实际上是词人借物咏志，寄寓即便遭遇凄风冷雨，也宁愿在夏日开放，不愿与百花争艳。其中"当年不肯嫁春风，无端却被秋风误"，描写了荷花无故被秋风摧败的不幸，表达了自己虚度年华的无奈与惆怅。

[应用场景]

　　秋风萧瑟，看着周围的景色越来越萧条，人们自然而然变得惆怅起来。如果你因为种种不如意而惆怅，便可以说——当年不肯嫁春风，无端却被秋风误。

5. 在秋季与友人分别

明岁秋风知再会，暂时分手莫相思。

　　这句话出自清代曹雪芹《红楼梦》的第三十八回。在大观园举行菊花诗会时，贾探春察觉家族暗藏危机，却没有能力挽救，于是选题《残菊》。曹雪芹借描写残菊，暗示了贾府的没落和众人离散的结局。其中"知再会"，是不知是否能再会的意思，表达了与亲人即将离别的悲伤。

[应用场景]

　　秋天与朋友分别，不知何时才能相见，依依不舍的时候，你可以这样来表达——明岁秋风知再会，暂时分手莫相思。

景物篇 / 173

寒冬你已"冻成狗"，古人却有好文章

寒冬时节，很多人用吐槽自己"冻成狗"来强调天气寒冷，这样的吐槽虽有趣，却有失文雅。古人形容寒冬却文雅且有情趣得多。在他们笔下，"雪晴云淡日光寒"突出了雪后初晴的美与冷，"烈烈寒风起，惨惨飞云浮"表现了寒风刺骨与天气阴沉。这些美妙的诗句不但让人见识了冬天的寒冷，更给人以美的感受。

1. 早上起来一瞧，下雪了

> 晨起开门雪满山，雪晴云淡日光寒。

这句话出自清代郑燮的《山中雪后》。描写的情景是：清晨，诗人推开门，看到满山的皑皑白雪，大地银装素裹。雪后初晴，白云淡薄，连日光都变得寒冷，没有活力。这一派雪后初晴、天寒地冻的景象，让人觉得美不胜收，但同时也映衬了诗人内心深处的凄凉。

应用场景

寒冬时节，你早上起床，往窗外一看，发现雪后大地银装素裹，可以这样描述雪景——晨起开门雪满山，雪晴云淡日光寒。

2. 山中的雪景真美啊

> 千峰笋石千株玉，万树松萝万朵银。

这句话出自唐代元稹的《南秦雪》，是元稹被贬通州途中，经过骆口驿所作。雪后，白雪覆盖在山峰的笋石上，仿佛万千玉石矗立在那里；松萝般的树林也好像披上了万朵银花。元稹巧妙地运用比喻，描绘出的雪景如玉雕冰砌一般，仿佛将人们带入一个晶莹的童话世界。

应用场景

当你雪后登山，看到白雪覆盖山峰，树枝挂满晶莹的雪花时，就可以这样描绘眼前的景色——千峰笋石千株玉，万树松萝万朵银。

景物篇 / 175

3. 寒冬让人"冻成狗"

> 天寒色青苍，北风叫枯桑。
> 厚冰无裂文，短日有冷光。

这句话出自唐代孟郊的《苦寒吟》，描写的情景是：天寒地冻，山林呈现出深青色，北风呼啸，呼呼地吹着老桑树。因为天气寒冷，河水冻上厚厚的冰层，一点裂纹都没有，就连日光都散发出冷光，让人感觉周身寒彻，难以忍受。

应用场景

大寒时节，北风呼啸，寒气袭人，你感觉寒冷已经无法让人抵御，这时就可以用这句话来表达——天寒色青苍，北风叫枯桑。厚冰无裂文，短日有冷光。

4. 寒风阵阵，吹得惨烈

> 烈烈寒风起，惨惨飞云浮。

这句话出自唐代明君李世民的《冬狩》，是李世民前往北方狩猎时所作。时值寒冬，寒风吹得猛烈，天上乌云层层压来，让人寒冷刺骨。同时，李世民借助描写烈烈寒风、飞云惨淡，突出了他忧心国事的情怀。

应用场景

大雪将至，一阵阵寒风迎面而来，似乎吹进你的头皮，直达骨头，并带来阵阵刺痛的时候，你可以这样说——烈烈寒风起，惨惨飞云浮。

5. 冬雷震震，别有浪漫

时无腊雪下，夜有瑞雷鸣。

这句话出自宋代戴复古的《一冬无雨雪而有雷》，描写的是：整个冬天都未下雨雪，就连寒冬腊月也未见一片雪花。不过，夜间偶尔有冬雷响起，好像是召唤春天的到来。

应用场景

春、夏、秋三季打雷都是正常的，冬季打雷比较少见。冬雷震震，给人一种浪漫的感觉。如果面对冬季雨雪少见，时而冬雷响，你可以这样说——时无腊雪下，夜有瑞雷鸣。

6. 大雪封路，不能前行了

雪深泥滑，不得前矣。

这句话出自宋代辛弃疾的《贺新郎·把酒长亭说》。当时辛弃疾的友人陈亮从外地来看他，两人一起游山玩水。陈亮走后，辛弃疾依依不舍，于是想追上他，送他一程。谁知一场大雪封路，难以前进，他只好在附近找地方寄宿。夜间，听到有人吹笛子，笛声凄苦，于是写下此词。

应用场景

遭遇大雪封路，你困于途中，或滞留某地，不能前进的时候，可以说——雪深泥滑，不得前矣。

一座"山"，
诗人能写出多少花样？

不论是游历、探险还是履职、出征，古人都喜欢登山，寄情于山水。在他们眼里，一山一水皆是美景，都显性情。所以，古代的文人墨客多喜欢写山，也为我们留下很多脍炙人口的名诗佳句。如果你记下几句，在观山、登山的时候诵出，说不定可以惊艳众人！

1. 月夜里看山

> 明月出天山，苍茫云海间。

这句话出自唐代李白的《关山月》，是描述边塞风光、戍卒遭遇的诗作。"天山"是指祁连山，处于我国西部，"明月出天山"，描绘了戍守在天山西部的士兵回首东望，看到明月从天山升起的景象。横亘在天山的云海与天山、明月相辅相成，呈现出天山雄浑、云海苍茫的壮丽景观。

应用场景

月夜里，明月从群山间升起，穿行于云海之间。你在登山的时候，看到这样的美景，就可以说——明月出天山，苍茫云海间。

2. 瞧见陡峭的山峰

> 正直相扶无倚傍，撑持天地与人看。

这句话出自宋代辛弃疾的《江郎山和韵》，是诗人赴京面见君主时经过江郎山，看到江郎山山势奇特、险要时所作。江郎山的三座山峰耸立在空中，如同被刀削了一样陡峭。它们直挺挺地立在那里，不与任何山峰接触，如同撑着天地给人看一般。辛弃疾描写山峰的陡峭，是借助江郎山展现自己的坦荡无畏。

应用场景

游玩的时候，如果你看到高耸、险峻的山峰矗立在那里，可以用这句话来形容垂直陡峭——正直相扶无倚傍，撑持天地与人看。

景物篇 / 179

3. 爬上山顶，胸中激荡

会当凌绝顶，一览众山小。

这句话出自唐代杜甫的《望岳》，是杜甫青年时期漫游齐、赵等地，攀登巍峨的泰山时所作。"会当凌绝顶，一览众山小"，是写诗人登上泰山顶峰，俯瞰群山，发现群山在泰山面前都显得那样渺小，突出了泰山的雄伟、巍峨，也表达了他敢于攀登绝顶、俯视一切的雄心壮志。

应用场景

当你爬上泰山或其他高山的顶峰，俯瞰山下时，可以用这句话抒发内心的激动之情——会当凌绝顶，一览众山小。

4. 乘船从山间穿行而过

两岸青山相对出，孤帆一片日边来。

这句话出自唐代李白的《望天门山》，是李白于开元十三年（725）赴江东途中行至天门山时所作。李白泛舟江上，行至两山之间，看到左右两岸层出不穷的山景，又看到一片孤帆，披着红日从水天相接的远处而来，顿感景色壮丽、心旷神怡。"两岸青山相对出，孤帆一片日边来"，不但写出青山、绿水、红日、长江的壮美，也抒发了诗人穿山而过、乘风波浪的喜悦。

应用场景

当你泛舟江上,快速地从山间穿过,心情愉悦地欣赏两岸的山景、江上日出的美景时,就可以这样说——两岸青山相对出,孤帆一片日边来。

5. 看到形态奇特的山

奇峰出奇云,秀木含秀气。

这句话出自唐代李白的《江上望皖公山》,描绘了皖公山的绮丽景色。李白在江上泛舟,看到皖公山奇特的山峰、奇特的云,以及满山的秀木郁郁葱葱。这山蕴含着灵秀之气,于是他发出内心地赞美。虽然李白看过无数山岭,皖公山却因其奇、秀之美,深受他的喜爱。

应用场景

如果你发现景色灵秀,山峰造型奇异,山间环绕云层,便可以这样来夸赞——奇峰出奇云,秀木含秀气。

大海啊——好多水!

别感叹"大海啊全是水",
看看诗人怎么"吹"

说到水,现代人可以找到很多形容词,有波涛汹涌,有水光潋滟,有微波荡漾,有白浪滔天……不过,与现代人相比,古人似乎更喜欢水,他们可以用绝美的诗词来描绘江、河、湖、海、瀑、溪、潮等。

古诗里的水,千姿百态,也引起人们无限的联想。所以,别再感叹"大海啊!全是水!"学学诗人怎么写水,你也可以勾画出不同的水之美。

1. 波涛汹涌的黄河

> 九曲黄河万里沙，浪淘风簸自天涯。

这句话出自唐代刘禹锡的《浪淘沙·其一》，是说弯弯曲曲的黄河，裹挟着泥沙，从远处翻滚而来，犹如万马奔腾一般。泥沙也随着黄河流经万里，经受了浪涛的冲洗和狂风的簸荡。这句诗描绘了黄河的浪涛汹涌，也赞扬了黄沙的乘风破浪、一往直前。这也是诗人借物言志之作。

应用场景

如果你站在黄河边，观赏壶口瀑布或者水流奔腾汹涌之处，可以用这句话来赞扬它——九曲黄河万里沙，浪淘风簸自天涯。

2. 初晴后雨时游西湖

> 水光潋滟晴方好，山色空蒙雨亦奇。

这句话出自宋代苏轼的《饮湖上初晴后雨·其二》，写的是苏轼在西湖饮酒游赏，开始时阳光明媚，后来却突然下起雨来，于是描绘了晴天和雨中西湖的景色。天晴时，西湖碧水荡漾，波光粼粼；雨中，青山在水雾中若隐若现，呈现出一种朦胧之美。对于西湖的晴姿、雨态，苏轼都万分喜欢，将它的美貌表现得一览无余。

应用场景

当你畅游西湖，也有幸看到晴天、雨天两种景色，就可以借用这句来描述——水光潋滟晴方好，山色空蒙雨亦奇。

景物篇 / 183

3. 失恋时游西湖

> 血染红笺，泪题锦句。西湖岂忆相思苦。

这句话出自宋代刘将孙的《踏莎行·闲游》，创作于宋灭亡之后。词人闲游时，看到与西湖相似的景色——荷花芳草垂杨渡，于是想起故国临安，心生悲痛之情，遥问西湖是否还记得相思之苦。这句话表达了词人想见西湖又怕见西湖的矛盾，以及不知所从的愁苦悲愤。

应用场景

你失恋时游西湖，想起曾与爱人在此漫步、泛舟，心中泛起无限悲伤，就可以抒发感慨——血染红笺，泪题锦句。西湖岂忆相思苦。

4. 广阔的海和漫长的海岸线

> 白浪茫茫与海连，平沙浩浩四无边。

这句话出自唐代白居易的《浪淘沙词六首(其二)》，描写的是潮涨潮落的规律和巨大力量。茫茫白浪，与大海连成一片，形成一望无边的壮观场面。海浪日复一日地冲击着海岸边，使得海岸线也一望无边。这句诗突出了海浪的壮观以及大海的广阔。

应用场景

当你站在海岸边，看到广阔的海面和漫长的海岸线时，就可以这样形容大海的广阔——白浪茫茫与海连，平沙浩浩四无边。

5. 波涛汹涌，浪花朵朵

> 乱石穿空，惊涛拍岸，卷起千堆雪。

这句话出自宋代苏轼的《念奴娇·赤壁怀古》，是苏轼来到黄州城外的赤壁矶，看到赤壁的雄奇壮阔、风起浪涌后有感而发。"乱石穿空，惊涛拍岸，卷起千堆雪"，是写岸边陡峭纷乱的岩壁高耸入云，汹涌澎湃的巨浪拍打着江岸，卷起的浪花好像千万堆白雪。这样惊心动魄的奇景，不但让苏轼精神振奋，更让他想起当年周瑜的雄姿英发。

应用场景

此句不局限于写赤壁。若是你看到浩荡江流、波涛汹涌的奇险景色，也可以这样描绘——乱石穿空，惊涛拍岸，卷起千堆雪。

6. 潮水，真壮观！

> 海面雷霆聚，江心瀑布横。
> 巨防连地震，群楫望风迎。

这句话出自宋代范仲淹的《和运使舍人观潮》，描写了钱塘江大潮波浪汹涌、雷霆万钧之势。潮水迎面而来，声势浩大，声音如同雷霆贯耳，卷起的高浪好像在江心横亘着瀑布；巨浪滔天，翻滚而来，好像地震一般，又好像成群的船只迎风而行。诗人从听觉、视觉等方面描写钱塘大潮的壮观，让人如身临其境。

应用场景

农历八月十五左右，是观潮的最佳时节。如果你去观潮，不要只说"真壮观啊"，可以这样来描述——海面雷霆聚，江心瀑布横。巨防连地震，群楫望风迎。

景物篇 / 185

生活还有，诗和远方

你要"诗和远方"，
古人"种豆南山"

当你厌倦城市生活的时候，不一定非要跑到云南的大理，追求所谓的"诗和远方"。事实上，回到乡村，种种田、养养鸡鸭鱼鸟，或来到林间，建个幽静的庭院，享受淳朴、悠闲的生活，也可以让自己更惬意、愉快。而且，很多诗人早就做到了这一点。他们过着悠闲的田园生活，还写下了无数美好的田园诗，让人们感受到了乡村的岁月静好。

1. 荷塘边上，树梢底下

鱼戏新荷动，鸟散余花落。

这句话出自南北朝时期谢朓的《游东田》。东田是南京有名的游览胜地，湖光山色，亭台楼阁，景色优美。此诗是谢朓与友人携手共游东田登临层台累榭，远远眺望，将美景尽收眼底的情形。"鱼戏新荷动，鸟散余花落"，是诗人将目光放在近处，写鱼儿在荷塘里嬉戏，触及亭亭荷花微微颤动；鸟儿从花枝散去，使残花纷纷落下，花香四溢。鱼戏、荷动、鸟散、花落，构成一派充满生机的景象。

应用场景

春末初夏时分，你游览城市公园、欣赏自然美景，看到鱼儿在荷塘戏水、众鸟在枝头欢唱，就可以这样表现大自然的活力——鱼戏新荷动，鸟散余花落。

2. 田间生活，岁月静好

狗吠深巷中，鸡鸣桑树颠。

这句话出自东晋陶渊明的《归园田居·其一》。东晋义熙元年（405），陶渊明选择辞官，归隐田园。归隐后，他创作《归园田居》诗五首，描绘田园风光的美好与农村生活的淳朴。"狗吠深巷中，鸡鸣桑树颠"，诗人描写极为平常的鸡鸣狗吠，恰当地表现农村的生活气息，一下子让美好田园生活的和平、宁静"活"了起来。

应用场景

　　当你离开城市、回到乡村,远离喧嚣和烦躁,在天明之前,听到隔壁人家的狗叫、鸡鸣时,就可以这样描绘乡村的生活图景——狗吠深巷中,鸡鸣桑树颠。

3. 梦想中的"种田"生活

晨兴理荒秽,带月荷锄归。

　　这句话出自东晋陶渊明的《归园田居·其三》,描写了诗人在农村劳动耕田的生活场景。诗人在南山下种植豆子,地里的野草越来越茂盛,于是他一大早就下地除草,直到月亮升起才扛着锄头回家。虽然日出而作、日落而息的劳作有些辛苦,但诗人甘之如饴,享受着劳作后的痛快、悠闲。此诗表明"种田"就是陶渊明的理想生活,所以再苦再累,他也不后悔。

应用场景

　　如果你想尝试回到农村,扛起锄头来种田,让自己的生活慢下来,或是想要身体力行地在田野劳动,体验农业劳动的辛苦,可以这样鼓励自己坚持下去——晨兴理荒秽,带月荷锄归。

4. 林荫小道，竹林幽径

> 绿竹入幽径，青萝拂行衣。

这句话出自唐代李白的《下终南山过斛斯山人宿置酒》，是李白在月夜到终南山拜访一位姓斛斯的隐士时所作。隐士的住所处于山林之中，走进竹林，穿过幽静小路，才能到达庭院。小路上，青萝枝叶拂着行人衣裳，显得庭院更加青幽深邃。此句写出了山中庭园的恬静，也流露出诗人的艳羡之情。

应用场景

如果你有机会通过林荫小道进入林中庭院，或者偶然穿过竹林幽径，发现一处庭院，可以这样描述——绿竹入幽径，青萝拂行衣。

5. 春雨中的乡村美景

> 雨中草色绿堪染，水上桃花红欲然。

这句话出自唐代王维的《辋川别业》，描写的是王维在辋川山谷隐居时期，离开辋川将近一年，回来时正好赶上春耕的情景。"雨中草色绿堪染，水上桃花红欲然"，描写了辋川春天的美景：雨中浓绿的绿草足可以染物，水边盛开的桃花无比红艳，像是要燃烧起来。此句描绘了雨中辋川别业的诗情画意，也突出了诗人对这里的喜爱与眷恋。

景物篇 / 189

应用场景

　　雨景之最，要数雨中乡村的美景。尤其春季，蒙蒙细雨中，走在乡村的小路上，看桃花、绿草，看农人忙碌时，你可以这样形容眼前的美景——雨中草色绿堪染，水上桃花红欲然。

6. 一家人各自忙碌，其乐融融

大儿锄豆溪东，中儿正织鸡笼。
最喜小儿亡赖，溪头卧剥莲蓬。

　　这句话出自宋代辛弃疾的《清平乐·村居》，描写了春日乡村一家五口，老夫妇话家常，三个儿子各自忙碌的生活画面。此句既写了非农耕时节，农民不懒惰、人人都劳作的勤劳，也写出了农村生活的和平、宁静，一家人生活得其乐融融、悠然自得。

应用场景

　　如果你和家人到农村体验生活，父母、孩子各自忙碌，谁也不坐以待食，就可以这样说——大儿锄豆溪东，中儿正织鸡笼。最喜小儿亡赖，溪头卧剥莲蓬。

弯弓射大雕,
真是"泰裤辣"!

"边塞"风光,
古人笔下最大气磅礴的风景

  边疆大漠的恶劣环境,让人望而生畏。但大漠不只有黄沙漫漫、荒芜苍凉,在古人笔下,也有"长河落日圆"的景观、"瀚海阑干百丈冰"的奇寒,更有"无数铃声遥过碛"的异域风情。当你来到大漠,可以借用这些边塞诗,描绘大气磅礴的边塞风光,更可以从中感悟古人的豪壮。

1. 黄昏落日下的大漠风光

> 大漠孤烟直，长河落日圆。

这句话出自唐代王维的《使至塞上》。开元二十五年（737），王维奉命赴河西节度使府慰问将士。身处大漠，诗人眼前出现这样一派景象：黄沙莽莽，无边无际，只看见天的尽头一缕孤烟在升腾；站在山头，俯瞰蜿蜒的长河，又看见落日出入长河之中。此句突出了边陲大漠的辽阔苍茫和河水吞吐日月的恢宏。

应用场景

傍晚时分，当你身处浩瀚无边的大漠，看到落日染红的天边和沙漠，便可以这样描绘大漠风光——大漠孤烟直，长河落日圆。

2. 月夜下的大漠风光

> 大漠沙如雪，燕山月似钩。

这句话出自唐代李贺的《马诗·其五》，描写的是燕然山广阔的沙漠风光。大漠中，平沙万里，在月光下好像铺上一层白皑皑的霜雪。连绵的燕然山上，悬挂着一弯新月，好像弯弯的银钩。此句描写了月夜下大漠的空阔荒凉，也突出了边疆战场的寒气凛凛。

应用场景

在月初或月末，月夜下的沙漠显得更荒凉、肃杀。如果你来到燕然山，坐在山头，看月夜下的大漠，就可以这样形容——大漠沙如雪，燕山月似钩。

3. 苍凉的戈壁风景

> 君不见走马川行雪海边,
> 平沙莽莽黄入天。

这句话出自唐代岑参的《走马川行奉送封大夫出师西征》。岑参当时任安西北庭节度判官,名将封常清由此出兵征讨播仙,于是诗人写下此诗为他送行。此句极力渲染戈壁沙漠的环境恶劣——天寒地冻、风沙蔽日,不但突出了大漠的苍凉,更赞扬了将士们的不畏艰难。

应用场景

当你到敦煌旅游,或是穿越沙漠公路,探索荒芜而狂野的戈壁之地,就可以这样形容那里的环境——君不见走马川行雪海边,平沙莽莽黄入天。

4. 骆驼在沙漠中穿行

> 无数铃声遥过碛,应驮白练到安西。

这句话出自唐代张籍的《凉州词·其一》。描写的情景是:在傍晚时分,边城之外出现一群满载货物的骆驼,伴随"丁零零"的驼铃声缓缓前进。诗人猜测这支西去的驼队应该是驮运丝绸,向着安西而去。可惜,此时是安史之乱后,安西已经沦为异域,诗人不禁心生悲凉。

应用场景

敦煌鸣沙山上,游客可以骑着骆驼欣赏大漠风光,体验丝路风情。当你体验骑骆驼,在沙漠中穿行时,可以借此句来抒发内心之感——无数铃声遥过碛,应驮白练到安西。

5. 大雪皑皑中的沙漠风光

北望沙漠垂，漫天雪皑皑。

这句话出自唐代高适的《酬裴员外以诗代书》，描写的是诗人身在塞外，北望沙漠，看到大雪皑皑覆盖沙漠的景象。沙漠干旱，很少出现满天飞雪的情景，但南疆一带，遇到寒气入侵，也会出现大雪连绵的情景。这首诗通过景物描写，突出了诗人定边无策的怅然失落。

应用场景

如果你前往南疆地区，看到满满黄沙被皑皑白雪覆盖的奇特景象，就可以这样说——北望沙漠垂，漫天雪皑皑。

6. 荒无人烟的大沙漠

野云万里无城郭，雨雪纷纷连大漠。

这句话出自唐代李颀的《古从军行》，写将士们出征塞外，边地万里荒无人烟，只有这座孤营驻扎于此；雨雪纷纷，笼罩着无边的荒漠，好像与大漠融为一体。此句渲染边地的荒凉、大漠的辽阔，万里之内没有任何城郭可依，侧面突出了从军的艰苦。

应用场景

行走于浩瀚的沙漠，一眼望去，没有一座城，甚至连一棵树都没有，你可以这样描述——野云万里无城郭，雨雪纷纷连大漠。